人类文明的高光时刻
跨越时空的探索之旅

THE FRENCH
REVOLUTION

法国大革命

农民的抗争
与被忽略的历史

A PEASANTS' REVOLT

[英]大卫·安德烈斯（David Andress）·著

李天宇·译

北京燕山出版社
BEIJING YANSHAN PRESS

漓勒·吉拉尔,《1792年,富埃南叛军被国民卫队送回坎佩尔》(*The Rebels of Fouesnant Returned to Quimper by the National Guard in 1792*)

法国大革命：农民的抗争
与被忽略的历史

[英]大卫·安德烈斯 著
李天宇 译

图书在版编目(CIP)数据

法国大革命：农民的抗争与被忽略的历史 / (英)大卫·安德烈斯著；李天宇译. -- 北京：北京燕山出版社, 2022.8
(里程碑文库)
书名原文：The French Revolution：A Peasants' Revolt
ISBN 978-7-5402-6607-3

Ⅰ.①法… Ⅱ.①大…②李… Ⅲ.①法国大革命－研究 Ⅳ.①K565.41

中国版本图书馆CIP数据核字(2022)第127199号

The French Revolution: A
Peasants' Revolt

by David Andress

First published in the UK in 2019 by Head of Zeus Ltd.
Copyright © David Andress 2019
Simplified Chinese edition © 2022 by United Sky (Beijing) New Media Co., Ltd.

北京市版权局著作权合同登记号 图字：01-2022-3698号

选题策划	联合天际	特约编辑	宁书玉
视觉统筹	艾 藤	美术编辑	程 阁

责任编辑	张金彪
出 版	北京燕山出版社有限公司
社 址	北京市丰台区东铁匠营苇子坑138号嘉城商务中心C座
邮 编	100079
电话传真	86-10-65240430（总编室）
发 行	未读（天津）文化传媒有限公司
印 刷	北京雅图新世纪印刷科技有限公司
开 本	889毫米×1194毫米 1/32
字 数	150千字
印 张	7.25印张
版 次	2022年8月第1版
印 次	2022年8月第1次印刷
ISBN	978-7-5402-6607-3
定 价	68.00元

关注未读好书

未读CLUB
会员服务平台

本书若有质量问题，请与本公司图书销售中心联系调换
电话：(010) 5243 5752

未经许可，不得以任何方式
复制或抄袭本书部分或全部内容
版权所有，侵权必究

目录

前言 I

1 农民的世界 1
2 农民的声音 19
3 危机与革命 33
4 失败与背叛 63
5 堕入灾难 85
6 叛国 99
7 战争、屠杀与恐惧 119
8 共和国与人民 139
9 屠戮与回击 165
10 前进,回望 187

尾声:最后一点儿总结 201
拓展阅读 206
图片来源 207
注释 209
译名对照表 212

… … … … … …

前言

1789年7月12日，当巴黎人正发起一场震惊文明世界的起义时，英国作家阿瑟·杨格独自在巴黎以东、凡尔登与梅斯之间的路上旅行。一路上，他一直在揭露并批判法国农业的不足，特别是与英国相比。他每天的手记记满了对自己观察到的贫困景象的严厉批评，以及法国农民的愚蠢和无知。

他骑马走到莱西斯莱泰与马斯拉图尔两座村庄之间的小丘上，和一个"一直在抱怨生不逢时、国家凋敝的穷苦女人"攀谈起来。这个女人向他详细倾诉了她家农场需要承受的重担，包括贡金、教会的什一税和种种杂税。他们对话的时机和内容完美地呼应了当时正发生的一切，这段对话也因此成了重要的史料之一。当时杨格借此对话，不免带有几分说教意味地评论道：

这个女人，哪怕是近观也会被人当作六七十岁，她的身体那般佝偻，僵硬的脸上布满皱纹，但她却说自己只有二十八岁。这都是劳作的结果。一个没怎么见识过外面世界的英国人无法想象这正是大多数法国村姑的样子，只一眼便不难想象她们经历过怎样的繁重劳动。我倾向于认为，她们不光是比男人干活更卖力，还承担着繁衍孕育下一代奴仆这一更加痛苦的任务，这让她们形体上的对称性被彻底摧毁了，哪怕一丁点儿女性特质都没能留下。我们应该把英、法两个王国的下层人民在生活方式上的巨大差异归咎于什么呢？**答案是政府。**[1]

但在杨格这段评论之前，他记录下的那位妇女的话似乎才最具预言色彩:"那人说,现在该有个大人物来为穷人做点儿什么了,尽管她不知道谁会在什么时候来做这件事,但上帝总会拯救苍生,而现在赋税和贡金已经让他们不堪重负了。"

这段发生在巴士底狱被攻占两天前的对话,仿佛成了历史上的一段悲鸣,是被囚禁在痛苦中的劳苦大众渴望解放的悲哀恳求。但实际上,这些呼喊的声音本身更不平凡,因为这些信息暗示着一种长久发酵的无知,抑或是不诚实(毕竟听者是个来路不明的外国人),因为这和实际发生在法国各地的情况截然相反——从上一年冬天起,法国农民就已经真正拿起武器,尝试将自己从沉重的负担中解放出来。

几个月前,在沙隆附近的鲁菲村,居民们以书面形式递交了自己的要求,包括制定更公正的新财产税法、废除商品税、消灭公共机关滥用职权现象、建立自由的司法机构等。他们还主张那些收取什一税的教士有义务妥善利用这笔资金,将之用于教堂及其"装饰、书籍、织物及圣器,并根据什一税比例发放救济"。[2]

与此同时,在梅斯西南方向约一天路程的阿尚,居民们提出的要求中还包括如下一则直截了当的声明:

所有这些权利都起源于封建制度下的痛苦时期,当时的领主有权将任何自己满意的枷锁强加给臣民,说这是真正的虐待也毫不为过。我们要求进行改革:洛林省需成为法兰西的一部分,我们要求享受所有与法国人同等的特权与自由。[3]

几天之内，另外数十个村子也做出了类似的声明，每个省内这样的声明数以百计，全国范围内则有数万之多。阿瑟·杨格骑马经过的每一寸土地，无不哀叹着自身的死气沉沉与落后之态，而一场革命正孕育其中。

* * *

在英语中，"peasant"（农民）这个单词包含着一种独特的轻蔑意味。它已经脱离了其十分明显的词源——法语中的"paysan"，即一个乡下人、支付（租金）的人、本地人，或是意大利语中的"paesano"，即同胞。西班牙语中的"campesino"特指犁地的人，和古德语中"Landsmann"或"Ackermann"意思相同，而"bauer"的"农民"含义则完全是现代意义上的。阿瑟·杨格描绘的这场历史运动正是"peasant"这一英语术语被赋予了格外消极的含义的原因之一。

真正意义上的农民，作为主要生活在自有土地上的群体，缺乏对更广泛市场关系的强烈依赖。这个群体从英国农村逐渐消失，到18世纪晚期已经有一个多世纪。农业改良有多种形式，但总是围绕着整合大型农场进行，而这些大型农场最终都会由地主控制。地主们渴望更高的作物产量，为的是出售给城市市场，以获取高额现金利润，可这打破了农村社会根据农学专家的指挥来部署劳动力的传统。在杨格这样的人看来，这毫无疑问将整个社会带向了更高水平的繁荣，使人民除了养活自己之外，还能将潜在的劳动力释放出来，去做其他事情。那些试图抵制这种处处有益的变革的人只能深陷于过去，他们不文明，甚至没什么人性：他们是农民！

从这个角度看（在这里，只有进步的最前沿才真正重要），事实上在1789年，有超过三分之二的法国人是在土地上劳作的"paysan"，即前文提到的支付租金的佃农（而其总人口的百分之八十都以某种方式扎根于农村社会）。或者应该说，法国乡下人在过去七十年里成功提高了产量，养活了增长出来的三分之一人口，可这些似乎意义不大。这不仅代表着当代*英国人的蔑视，还表现出法国革命精英意识到了自己对"paysan"的厌恶，他们甚至将"cultivateur"（种植者）作为更政治正确的词加以推广。尽管他们使用这个单词，好像它真的恢复了被压迫者的尊严，但这些革命精英中的许多人似乎仅仅将农业社会理解为肤浅的理想主义的一个容器。

面对城市失业问题时，革命精英一贯的口号是："把他们送回农村！"在1793—1794年雅各宾派领袖当权的"恐怖统治时期"，社会激进主义达到了巅峰。在"风月法令"中，他们提议没收叛国者的土地，并重新分配给"贫穷的爱国者"（他们不假思索地假定后者想要被委托一座小农场，而且一到那里就能立刻知道自己该做什么）。在保守派反击阶段后期，一群极端激进的阴谋分子策

---

* 作者所说的"contemporary"译为"当代"，在英语中除了表示现在之外还有表示"和其他事同时"的意思，在本书中多数情况下指的应该是后者，即法国大革命发生的年代。——译者注

划了一场政变，他们对社会主义历史的贡献是主张"革命胜利后土地财产划归共有"。因此可以想到，他们甚至也会征用1794年那些"贫穷的爱国者"的土地（这是假设那些人真的有地，其实他们没有，因为这两项著名提议最终都毫无成效）。

历史对"风月法令"和"平等派密谋"的策划者的关注，远比对1789年初次崛起的数百万法国农民的关注多得多，可后者才是最热衷于捍卫有利于他们自身的新革命性解决方式的人。他们有时甚至还会反抗革命领袖。即使他们因没有无条件追随激进分子的领导而遭到其迫害与痛斥，有时还会被城市精英中的固执己见者推进"反革命"的怀抱，但这些农民还是将在这场由他们自己发起、持续了十年的动荡中取得最终的胜利。

法国大革命的本质是一场农民革命。作为农民革命，它成功地使更多的人民受益，相较于给我们留下了更深刻印象的律师精英革命和城市中所谓"无套裤汉"激进分子革命而言，其意义更加深远。离中心最远的人，极少能得到他们应得的关注，甚至很少能在历史记载中找到他们自己的声音，就像杨格记录的农妇的话，最终却变成了对他们的谴责。本书要展示的是，我们可以通过回顾18世纪八九十年代乡村人民的生活，体会这场斗争的混乱程度，尊重他们为之奋斗的生活方式，以及他们作为不完美之人身上那些复杂之处。

断头台,这种"无痛"处决方式后来成了革命中激进暴力行为的象征。

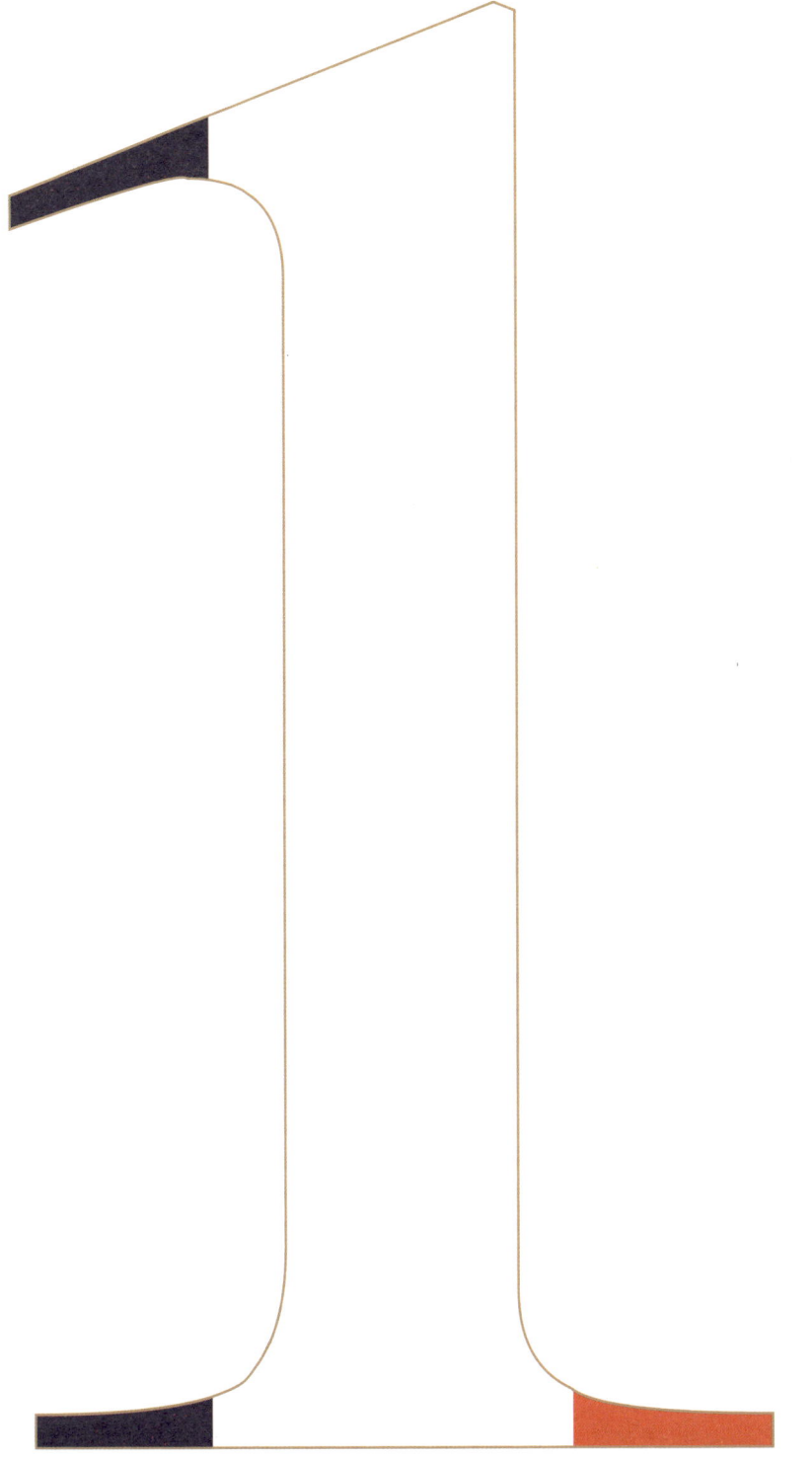

* * * * * *

农民的世界

对现代人来说，在脑海中勾画出几百年前农民的生活场景非常困难。在许多观察家看来，他们似乎只是个体成员之间毫无差异的群体，只有在作为被强行施加现代性的改革"原材料"时才显眼一点儿。事实上，农民家庭和社会之所以让人很难想象，原因正好相反：不同个人和集体生活在各有差别的法律、社会与经济形态之中，随着时间推移而产生的种种动荡改变着他们的生活，而且他们不断与永远压在身上的重担努力而机智地斗争。

想要在万花筒般令人眼花缭乱的万千组合中描绘出一个"典型"的农民形象，就实在太过狂妄了，但想谈谈他们之间的一些共性肯定是合理的。首先，人们无法单独挑出某个个体，因为尽管男性在这个高度男权化的社会中占据法律意义上的主导地位，但女性也与他们一起组建并管理家庭，而所有活动都围绕着家庭展开。男女双方都将婚姻视为一项重要的经济策略来追求，也都希望对方能为此做出贡献——继承的土地、存下来的积蓄、当作嫁妆的家庭资源。生活是危险的，而且往往短暂得异常残酷，一个人能活到结婚年龄就已经算幸运了，因为诞生在贫困阶层的孩子，至少有一半没能活到结婚。

从表面上看，农民的生活就像是静止的，可事实上这是一场和时间的持久斗争。父母需要孩子来保障自己长远未来的生活，可是每次怀孕都有生命危险，而且每个降生的后代都必须不断和疾病与饥饿斗争才能长大，直到他们可以靠劳动维持生活，才不再是家庭中绝对的经济负担。一些农村男孩可能会从乡村牧师那里勉强学点儿什么,而女孩基本就从来不会受到教育,除非她们展现出了罕见的天赋。要不就是,男孩一到青春期就会被送去做农场雇工、牧牛人或农田工人,而女孩更多的则是从事类似的室内劳动。

这些青少年从十几岁到二十出头的日子是一场更激烈的竞赛,他们得一边等待天降遗产(如果他们家有任何土地的话),或者是从病弱的父母那里接手租约,一边给自己存下一笔能起过渡作用的积蓄。这同样是一场与自己飙升的荷尔蒙的赛跑,在实现经济稳定之前,他们的婚姻根本无从谈起。他们的平均结婚年龄接近三十岁,许多夫妇会带着他们的第一个孩子步入婚姻殿堂。老一辈的人总是希望这种结合对家族命运而言是一笔好买卖,而不仅仅是某场乡村舞会后令人懊悔的意外结果,或者其他更糟糕的情况。

这样一来,下一代建立自己的家庭,就像在汹涌的激流中植下一座小岛,他们希望它能坚持足够长的时间,好让家族逐渐壮大。但事情往往不会这么顺利,怀孕、事故和疾病都缩短了人的预期寿命,还有相当一部分农民通过二婚重组了家庭,这就将继子、继女和同父异母的兄弟姐妹们抛进了无可避免的分裂局面中,争夺遗产的场景日益逼近。家庭和社会适应了这种生命周期的冲击,就像他们不断调整自己对季节轮替那种直接而无休止的依赖,

> 一个女仆,成千上万的青少年都以这样的工作为生,他们是富人生活方式的支柱 [《厨房女佣》(*The Kitchen Maid*),让-巴蒂斯特-西梅翁·夏尔丹,1738年]。

就算其中的风险和灾难一直如影随形。

受过教育的改革者总是确信，农民可以通过受教育学会如何更好地耕种，但这种思想往往包含了一些对农民可获得资源的想象，比如品质更好的种子、更多的肥料来源、新的作物品种，可这些对农民来说根本无法触及。严峻的经济问题让许多农民不得不重复上几代人做过的事情。在其他方面，这往往与当地的复杂状况有所关联。整个18世纪后期，王室政府推行了将"荒地"变为农田的政策，这在某些地区可行，但在另一些地区就可能受限于地主的权利，种植新作物还面临着被额外征税的风险，这让农民花费的成本比获得的收成还高。

与此同时，在当时的普遍条件下，即便是最先进的农业措施也不能抵御病虫害的威胁，就像当今农业无法抵御极端天气事件的影响一样。所有这些都可能摧毁个人自有田、整座村庄甚至整个地区。1788年7月13日，一场猛烈的冰雹严重毁坏了法国中部大片地区正要成熟的谷物，导致随后的严冬粮食极度短缺，从而催生了转年的革命。也难怪在面临这种威胁时，还有些农民社群坚信上帝会拯救苍生。教士们定期为丰收祈祷，敲响教堂的钟以图抵御雷暴也是当时的普遍做法。

农村人口不得不承受其生存环境带来的所有现实压力。一些人，也许历经几代人颇为走运的繁育和精明的经营，能够实现阶级的跨越，成为较为富裕的地主。有的则更进一步，用时间和金钱对教育远期投资，使新一代跃升成中产阶级，甚至某天能够步入上流社会。但是，绝大多数农民永远无法朝这个方向踏出第一步。当时十分之一的人口生活在贫困中，虽然运气不好也是部分原因，但其中很大一部分人落入窘境是因为整个社会的运作故意加重了农民的负担。

* * *

和其他前现代社会一样，18世纪的法国是以两种根本途径建立在农民人口的基础之上的。第一种途径，也是本质上的一种：所有人都需要依靠农民提供的食物。这种依赖往往会在恶劣天气和运输不足的情况下转变为对粮食匮乏的恐惧，这不仅没有让占总人口少数的城市居民感恩戴德，反而激起了他们的怨恨。城镇居民焦急地等待粮食进入当地市场的消息，并经常为此无序抗议，这让当局担心导致灾难性的失控，长期结果则是粮食市场体系被高度监管，在这种制度下，集中在城市少数消费者手中的稳定供应方面的利益，压过了分散于农村的多数生产者的最大收益。

凡尔赛宫，这座17世纪80年代以来法国绝对君主制的辉煌殿堂，对上述政策的支持态度让其变得毋庸置疑。宫殿正门右边的是象征着工业的人像，而在左边和它对应的就是农业的象征，一名被出产于丰饶土地的各种作物包围的女性。她坐在一个男人（农民）的背上，后者被雕刻成双眼突出的怪物，嘴张得大到在当

下页图
19世纪对农民生活的艺术想象，既有理想化成分，也在一定程度上对其无休止的体力劳作有所认知[《犁地》(*Ploughing the Fields*)，欧仁·亚历克西斯·吉拉尔代，1877年]。

代艺术中会被理解为代表着缺乏自制力的野兽,他正抓着一块抹布擦拭额头上的汗水。在这种环境中,人们愿意将法国经济对农民阶级的依赖如此表述出来,反映了社会依靠农民劳动的第二种,也是普遍存在的途径。

法国的社会结构是由特权驱动的,这不仅是一种隐喻,还是一种真实的、法律上可执行的划分。一个人积累的特权越多,社会地位就越高,缴纳给国家的税和其他财政负担也就越少,还越能从地位更低的人那里索取。社会的不平等及其压迫性后果不仅体现在经济上,还体现在法律和政治的现实情况上。从其根本上看,这种社会结构的方方面面都需要有输家。没有非特权阶级,特权就不会有意义,农民正是广大的无特权群众,承受着各阶层的重压。他们几乎是唯一被征收了基本的国家土地税的阶级,这种负担和他们低下的社会地位直接相关,以至于说某个人"可被征土地税"本身就是一个象征着社会歧视的标签。

国家税收和天主教会索要的什一税都是沉重的负担,而且那些付了款的人往往得不到任何回报。但是,这两者之外还有第三座剥削的大山,即领主制度,这一制度将分裂的基础更深地植入农民的日常生活中。领主被称作"lord"(主人),同样的词还用于"Our Lord"(我们的主),即上帝。这不仅仅是个人之间的区别,还代表了一种支配关系。

在不稳定的中世纪,有一次(故事是这样讲的)领主们将自己提供保护的范围从自己的城堡城墙之内扩大到了当地村民身上,再从那些经过了几个世纪，已经慢慢将自己从事实上的农奴身份中解放出来的人那里收取报酬。当时，那些人仍被法律束缚在土地上。讲述领主如何慷慨、如何如同父母般关爱人民的故事，渗透在贵族领主制度的历史记忆中，模糊了过去几个世纪不断变化的景观，让它们成了没有具体所指的美好昨日时光，而与之相对的则是18世纪晚期沉重又贫乏的残酷现实。当时，一位领主可能是四五代的世袭贵族，但也可能是那些存下的钱不多，却决定买下领主身份的任何一个人。

领主的权力是一种可以在市场上公开交易的合法财产，只要有一套在公证处公证过的转让文件，某位前批发商人或律师就能摇身一变，有了坐在当地教堂前排、享受以自己的名义点燃的焚香、在当地桥上收过路费，以及强迫农民支付在他的磨坊研磨谷物或在他的炉子里烤面包的费用的权利。不仅如此，领主还能在每年的收成里分走一部分，对曾经的"公有"土地恣意分割并开发、种植或砍伐树木，维护养兔场或鸽舍以保护这些"居民"及其他野生动物在破坏庄稼时不受攻击，随意收取各种其他次要或临时杂费，通过自己亲自任命的官员组建起来的领主法庭对整个系统进行监管，对任何异议者随意处罚。

在这一切状况中过着自己的日子，边过边付钱，就是农民每天面对的现实。在许多地方，领主权会被出租，有时还会进一步转租给商人，而商人唯一的兴趣就是从这个体制中攫取最大利益。在其他一些地方，一座村庄可能分属于数个领主，他们每个人在物质生活上也没比普通村民好多少，但仍然实实在在地支配着村民们。

＊　＊　＊

所有这些负担之下，在许多不同的生态区和区域经济的差异中，农业仍然支持着具有强烈自我认同和世界地位意识的社会。生活在高耸的比利牛斯山脉中与外界隔绝的牧羊群体定居地的人、居住在处于汝拉山脉森林缓慢节奏中的村庄里的人、沿主要河谷山坡种植葡萄的人、畜牧饲养人、奶农、家禽养殖人和城镇门阶上的市场园丁，以及所有种植那些养活了全部人口的珍贵粮食的农民，每个人都有独特的生存方式。如果处于社会下游的他们能沾上随便一点点其他阶级享有的法律特权的光，那他们的生活可能还稍微容易一些。

每个规模大到能有座教堂的村庄都有集体生活的基础：弥撒后大伙儿可以聚集在某个地方讨论，还有一名教士会阅读来自遥远当局的指示、要求或训诫。大多数村庄的团体性质受法律承认，并由一组经民选或提名的男性户主代表全体居民面对外部世界，尽管往往只有领主同意之后这些人才能被任命。

村民们生活在经济制度与社会分化及相互团结共同组成的复杂网络中。农民实际上拥有全部土地的百分之四十以上，几个家庭往往会把少量土地的控制权结合起来，再另租一些，以此来建立规模可观的事业。佃农制在某些地区得到充分实施，在这种土地租赁制度下，收成的很大一部分需要提前交付给地主。巴黎附近已经开始形成更先进的做法，大量无地劳工在集中所有权的生产性农场里工作。在一些地区，地主实际上更喜欢农民保留小块土地的所有权，因为这样就能束缚农民，压低他们的工资并提高租金。

在许多地区，居民从事家庭手工业，生产的产品最终可能出口到欧洲或是世界各地，这在补贴收入的同时也逐渐提高了对海外需求和商人投资的依赖程度。到18世纪80年代，全球棉花产业的蓬勃发展已经让纺车和织机传播到法国北部农村地区，但在其他地方，类似的羊毛贸易早已扎根，法国东南部一些地区丝绸纺织贸易也呈现出同样的发展态势。一些地区有生产蕾丝花边、木制品、皮具等技术专长，这些生产活动填补了当地人民农耕劳作的间隙，也为市场提供了重要的商品。

农业迫使村庄内部以某种形式团结起来。比如，雇用流动劳工团队协助收割就是一项集体事务，当羊群走失或是就边界问题产生分歧时，对邻近村庄使用法律手段也是一种。许多土地的使用权受到各种复杂多变的惯性权力制约，有时是土地实际的公有权，有时是在土地上收集各种作物、放牧、收集木柴和其他资源的权利等，这些都限制了对私有土地的使用。

在如此错综复杂的相互债务责任中，那些可能使一座村庄团

下页图
城市中的关税收税站，是税收负担及其对日常生活与商业活动的侵入的鲜活象征［《收税站内部》(*The Interior of a Douane*)，尼古拉斯·伯纳德·里皮歇，1775年］。

农民的世界　13

结起来反对近邻的各种争端，同样可能发生在任何团体内部。在这种情况下，特别需要防止公共权利被滥用，尤其是在每个家庭都艰难地维持收支平衡时，因为这时他们可能会受到各种诱惑，愿意去碰碰运气。团结的程度也非常有限，村里的年轻人在地区集市上和别人起冲突时，可能会大声喊出自己村子的名字以示反抗，但这一年余下的日子里，村民们不会再正眼看这个闹事者了，他们还会急切地向已经过度扩张的皇家公路警察举报任何"难缠的乞丐"，好让那些人都被抓起来。

人们常常注意到，大多数农民都是文盲，而且绝大多数农民都讲当地方言或完全不同的语言（巴斯克语、布列塔尼语、加泰罗尼亚语），而不讲法语。政府官员和开明的改革者将这视为发展的障碍，但这种态度本身就象征着上层支配下层的欲望，他们为他人利益插手农民的生活，全然不顾农民自身的权益。改革者还试图纠正法国司法和行政制度之间错综复杂的问题，几个世纪以来，这些系统中的权力关系一层层交织叠加，新制度往往只是对旧制度的补充而非取代，各地方司法权力机关对边界的管辖十分混乱，许多地区甚至无法明确地在地图上标示出来。

几座彼此相邻的村庄很容易发现它们受到了三四组不同立法、司法和行政网络的管辖，而究竟哪个社区属于哪个辖区则全无逻辑。但是，这种在局外人看来一片混乱的景象，对扎根于那里的人来说，却意味着丰富的可能性。每座村庄都处于高度地方化的法律与机构关系的网络中，而为了获取最大的利益，找到利用这些机构政策互相矛盾之处的方法,是一项至关重要的生存策略。

到18世纪后期,农民群体越来越善于利用地方法院提供的皇家司法,来挑战地方领主强加给他们的司法。皇家官员热衷于维护自己的优越地位,同时村民们也面临着越来越大的压力,他们要向渴望利润最大化的领主缴纳越来越多的,甚至是编造出来的税,双方聪明的律师可以让纠纷持续许多年。

参与这类行动的意愿和能力也表明,农村社会并不会因为独立而陷入闭锁。哪怕没有报纸这样的东西送到他们手里,也会有许多小贩定期走街串巷,出售其他类型的出版物。他们有旅行者口述的见闻和普通市场上流传的八卦,还有源源不断的官方指示。许多在地理上最偏僻的地区和规模最大的城镇中心有着字面意义上的"交流",因为乡下的男人们会季节性地,或以更长时间跨度为单位迁移,去城市工作。例如,利穆赞大区的石匠在巴黎很受欢迎,需求颇大。与此同时,家政服务产业让成千上万的青春期农村少女领略了有产阶级的生活,而其中大多数人只会在城市里待上十年左右,存够嫁妆钱之后就体面地回到村子里或者小镇上生活。穷人知道富人是怎么生活的,因为为了维持这种生活方式,他们本身也经常成为其中一部分。

★ ★ ★ ★ ★ ★

农民的声音

1788年底，每个村庄自身的具体情况突然转变为一场国家性大危机的一部分。这个专制的君主制国家，在经过几十年的改革尝试之后，终于陷入了致命的僵局：它试图对混乱且时常受特权干预的税收制度做出现代化尝试，并因此开始偿还国家自18世纪40年代以来在一系列全球战争中不断堆积的巨额债务。特权，这种压迫农民的法定条件，既是社会的根本问题，又是积极反对任何可能削弱强大贵族精英的影响力、降低其社会地位的变化的原动力；在实践中，"专制主义"远非在真正意义上行使绝对的权力。

政府不顾一切，急于寻求一个能够说服这个国家接受改革的总体架构，因此屈服于反对者的要求，召开了"三级会议"。这是全国性的协商会议，起源于中世纪的合作社会观念，上次召开还是在1614年。召开这样一个会议，传统上需要地方选举与会代表，还需要将陈情书提交给国家，其潜在意义是，让不满被注意到，使其得以解决，而这在现在看来尤其明显。

因此，农民们在不断升温的启蒙运动那关于国家特征和公众舆论重要性的争论中被刻意忽视了数十年后，终于有声音呼吁，应当重新发现其作为第三阶级（历史上天主教神职人员属于第一阶级，贵族是第二阶级，而农民在两者之后）基石的身份。但现在，正如一位著名作家在1789年1月所说，农民注定要成为"一切"。

在那个月以及随后的几个星期里，几十万甚至几百万村民直接参加了会议，抛出了他们全部的质疑。中上阶层的激进改革人士散发了关于"陈情"的书面建议和"模板"，但记录显示，村民们虽然有时会遵循这些建议，但也对它们进行了调整，把自己的顾虑加了进去，甚至更多时候，他们会简单地从自身角度出发，详述他们个人和集体受到虐待和压迫的经历，并要求几乎所有关于他们周身社会结构的条件都得到改善。

他们这样做的方式往往恭敬却毫不妥协。在比利牛斯山脚下的博纳克，村民们的陈情书这样开头："我们无比谦卑而恭敬地感谢国王陛下……以这种既符合宪法又使人民真正得到代表的方式……召集他忠实的臣民。"在那里以及许多其他村庄，"陈情"还包括详细阐述一个村庄的经济和地理环境，以及从居民的角度来看，改革如此必要的原因。与此同时，正如离博纳克不远的巴里诺夫的村民所写，许多人为强调自己的意见，表明愿意为国王和王国的利益忠诚效劳，"直到咽下最后一口气"。[4]

国家税收是法国繁多陈情申诉的重中之重，因为它是危机的直接源头，并因其不公正和复杂性受到强烈谴责。呼吁设立统一标准、没有特权阶级可以被普遍豁免的土地税制度之声从王国四面八方传来。同样高涨的还有要求废除私人包税人征收严苛且低效的"务农税"的呼声，这些包税人不仅获得了类似当局的权力，还有自己的准军事化部队支持，让人民无法反抗其要求。特别是在收缴盐税时显得格外不公平，这项臭名昭著的税款在各个相邻地区的征收比例各不相同，这也导致了具有武装力量的盐税包税

一幅当代漫画,描绘了无特权者身上极为沉重的税收负担,这都是为了供养身为特权阶级的教士和贵族(卡纳瓦雷博物馆藏)。

人和走私者之间无休止的战争。

鲁昂附近的萨尔蒙维尔-拉-里维埃发表了一份十分惊人的公开谴责,指向包税人及其所有帮凶:"他们是国家的水蛭,是侵吞一切的害虫,是肆虐的瘟疫。"他们恳请国王"根除这种危害,确保它永远不再繁衍"。安茹地区加斯蒂纳的农民报告称,如果他们能通过养一头猪获得哪怕一点儿好处,"三四个收盐税的人就会找上门来。他们是人类的死敌,只会搜刮、攫取和掠夺"。[5]

利用有形边界(桥梁、城墙)对通过的货物征收多重消费税,而特权阶级只需简单地申明身份及自己拥有的财产,就能免于缴纳这些费用,这种做法也受到了人们的谴责。解决税收问题的过程已经把特权问题摆在了人们关注的焦点上,所以农民也抓住机会,毫不犹豫地抨击领主制度的弊端。他们很少敢抨击领主阶级这一概念本身,但它引发了对权力的滥用——从本应伸张正义实际只会服从领主个人利益的法院,到榨取民脂民膏的地方长官和包税人,再到通过重新规划权力行使规则勒索更多不义之财的行为都受到了谴责。

在距南部城镇卡奥尔不远的圣文森特(奥尔特河滨地区),村民如此哀叹:"我们的村子不得不向十几个领主上缴种类多到数不清的杂费,对他们来说,让这些收费的特权得到承认就像换件衣服一样容易。"[6]在布列塔尼北海岸的庞吉利,居民用法语音标清晰地表达出了自己的观点:"我们要求农民可以自由出入磨坊,那里才是他们快乐的源泉,无须受制于领主的特权。"[7]

这些要求终结税收特权的普遍呼声，隐晦地体现出社会地位与国家这两者之间的关系概念的根本不同。少数村庄甚至敢于更明确地阐明这一点。诺曼底西部的利涅雷斯-拉-杜塞勒居民要求以后将贵族身份作为"只给那些值得拥有它的人"的奖赏。[8]在埃克斯（普罗旺斯地区）附近的洛里斯，人们公开批判贵族特权剥夺了国民良性竞争的可能，因为大多数人永远没有达到贵族高度的希望，"国家因此失去了可能会启迪、指导并捍卫她的天才，这实在是一种罪行"。[9]

神职人员也遭到了一些攻击。天主教的等级制度在许多方面都是法国社会的缩影，许多几乎身无分文的教士为偏远的村庄服务，而富有的修道院和女修道院遍布于城镇和乡村，主教的任命为贵族所垄断。虽然作为个体，神职人员宣誓要保持贫穷，但他们中的许多人显然过着富足的生活，却很少提供本应作为回报的精神服务。教会机构与其他特权形式之间存在复杂而交错的关系，修道院从各处牟利，可以在百里之外的教区收取什一税，出租其名下位于其他村庄的土地，甚至连成为其他地方的名誉领主都不算什么天方夜谭。圣文森特的居民再次抱怨了自己的处境，他们被迫向吕泽克当地河对岸的一家教会医院支付费用，但该医院实际上从未收治过他们的任何村民，同时他们还被禁止在卡奥尔其他更大的医院接受治疗。

这些收入没能回流到平常急需慈善支持的村庄，这个问题和各种受到投诉的问题一样，在许多陈情书中遭到强烈指责。然而，

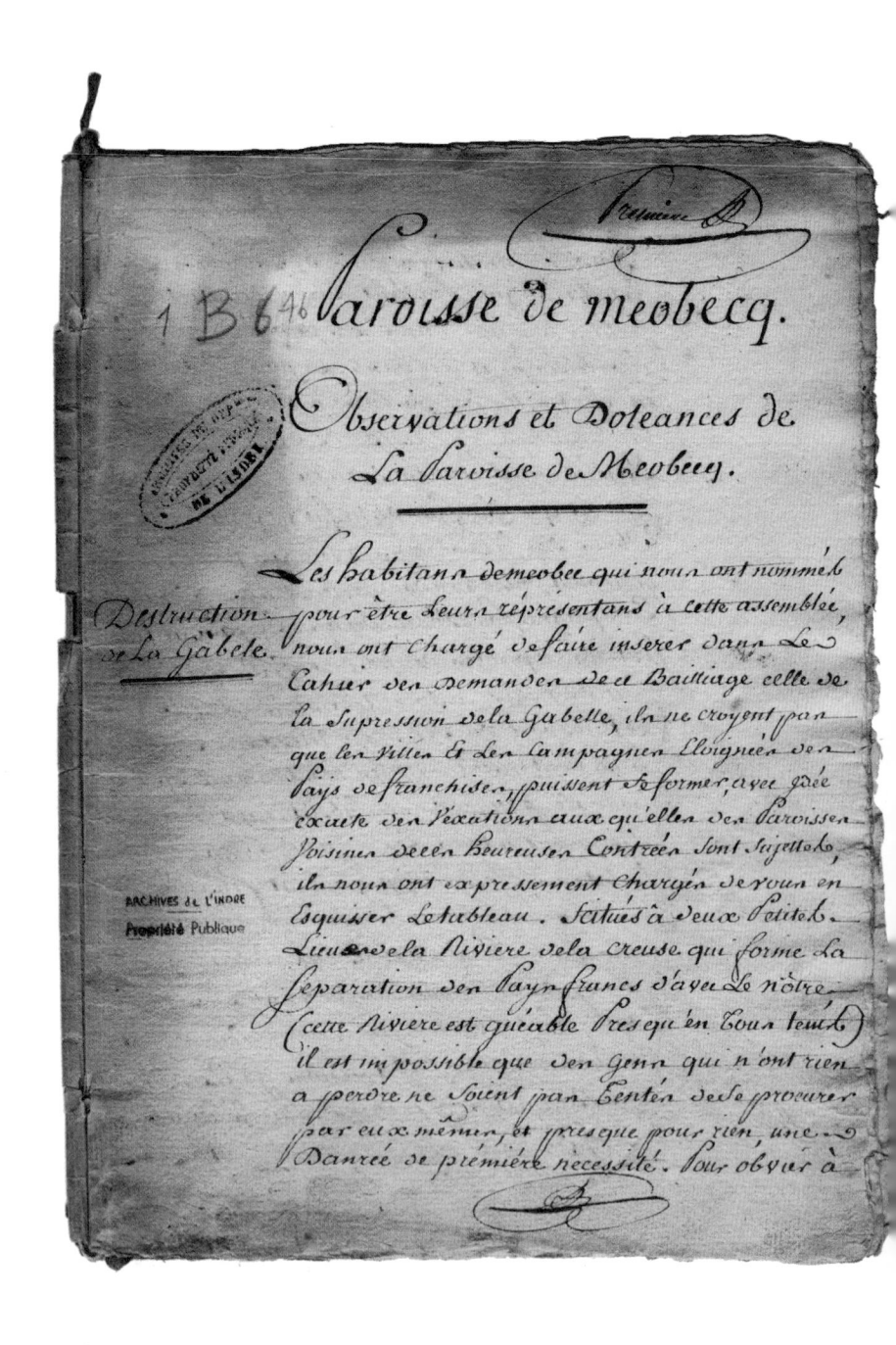

Paroisse de Meobecq.

Observations et Doleances de La paroisse de Meobecq.

Destruction de La Gabele

Les habitans de meobec qui nous ont nommés pour être leurs représentans à cette assemblée, nous ont chargé de faire inserer dans Le Cahier des demandes de ce Bailliage celle de la Supression de la Gabelle, ils ne croyent pas que les villes et les campagnes éloignées des Pays de franchises, puissent se former, avec idée exacte des vexations auxquelles des paroisses voisines de ces heureuses Contrées sont sujettes, ils nous ont expressement chargés de vous en Esquisser Letableau. Scitués à deux petites Lieues de la Riviere de la creuse qui forme la Separation des pays francs d'avec Le nôtre (Cette Riviere est guéable presqu'en tous tems) il est impossible que des gens qui n'ont rien a perdre ne Soient pas tentés de se procurer par eux mêmes, et presque pour rien, une Danrée de première nécessité. Pour obvier à

当这些陈情书被收集到一起，递送到大约三百个地区法院的司法辖区中（这些辖区还承担着选出三级会议与会代表的任务）审阅时，很多记载着某个村子具体情况的陈情书丢失了。由于中产阶级倾向于关注那些他们认为更重要的国家问题，如继续代表权和宪法改革，村民们关注的问题很容易就被轻描淡写地描述成对鸽子和兔子、修篱笆和挖沟渠的抱怨。能进入凡尔赛宫的陈情书只反映了有文化、有资产的民众关心的问题，农民的声音被扼杀了。

* * *

起草这些陈情书时，国家的政治危机与经济灾难之间的冲突已经不言自明。从1788年11月开始，一个异常寒冷的冬天来临了，这对这个连续歉收几年的脆弱国家来说更是雪上加霜（甚至在1788年7月那场极具破坏力的冰雹之前，收成就已经很不好了），贸易额也在持续两年的政治危机中急剧下滑。积雪的道路和结冰的河流阻断了粮食运输，食物储备日益减少；失去饲料的动物逐渐虚弱；在遥远的南部，霜冻冻死了葡萄树和橄榄树。政府在破产边缘摇摇欲坠，在严寒之中也没能果断采取行动补充供给。饥荒，这个笼罩着每个前现代社会的可怕威胁，在持续一周又一周的霜冻后显得更加严重了。

在全国各地的一座座村庄里，农民家庭和社区对各自的实际情况进行了调查和讨论，并采取了行动。在撰写陈情书之前，问

梅奥贝克教区（今安德尔省内）陈情书的封面，上面的第一条要求是"废除'gabelle'"，即臭名昭著的盐税。

题就已经存在了。此前一年,诺曼底当地的官员因为害怕公众的不满情绪爆发,彼此之间互相谴责囤积粮食;驾驶运货马车的马夫也因害怕遭到暴徒袭击而拒绝在城镇之间运输这些珍贵的食物。例如,1789年初,贝桑松附近的村庄中充斥着关于起义反抗领主压迫的谣言,在接下来的两个月里,类似的警报也出现在了更南部的地方,先是格勒诺布尔附近,再是普罗旺斯。领主们粮仓中的情况加深了民众对其滥用权力的担忧:他们的粮仓就像教堂的什一税谷仓一样,堆满了前一年从农民的田里抢夺来的食物。

3月14日,在马赛以北的马诺斯克,当地一名主教遭到群众投掷石块攻击,因为他们指责他囤积粮食。在接下来的一个月里,这个地区骚乱频繁,动荡不安。一名主教的宅邸被攻陷,他持有的分封和领主权利相关文件都被夺走并销毁。修道院、领主城堡、作坊和律师办公室同样遭到袭击。各村庄奉行双管齐下的原则,一方面要求领主归还先前收缴的粮食,另一方面还试图销毁那些作为领主权利基础的文件资料。

例如,格勒诺布尔附近山区阿旺松村的村民们首先以书面形式警告他们的领主,声称自己已经不受其支配,又于4月19日要求领主偿还上一年他们以实物形式缴纳的各项费用。次日,他们游行到他的城堡,强制执行这一要求,但没能搜查到他们试图销毁的文件,也没破坏其他什么东西就离开了,留给领主一个星期的期限投降。骑警迅速的反应让村民不敢采取进一步行动,但这位领主本人写了信给国家当局,哀叹他在乡间村庄的力量已经化为乌有。

农民自己也会写信给凡尔赛宫，抱怨城市居民和中产阶级的问题占满了会议议程，他们质问宫殿里的官员，并要求官员支持他们采取惩罚性措施，重新分配议事日程。有谣言称，他们确实得到了王室的允准，最广为流传的说法是，他们已经得到了国王授予的代表封建制度结束的"金函"。对某些人来说，这可能只是天真的想法，但对另一些人来说，这肯定是一面策略性的挡箭牌。

随着春天到来，天气转暖，食物短缺的形势再度恶化。从复活节到8月这段时间被称作"转接期"，总是一年中最艰难的时期，因为之前收获的果实已经不再新鲜，而且数量越来越少。由于一开始几乎什么资源也没有，食物价格飞速攀升，民众的行为也变得更加激烈。到四五月，法国北部大批农民夺取了修道院的粮食，在接下来的一个月里，他们又抢夺了领主甚至是富裕平民的粮食，还迫使领主放弃权利。

那时，农民已经在巴黎周边地区开展了数月活动，他们入侵贵族精英的私人狩猎场地，以获取急需的木柴，还剥了动物的皮。这样的事在东部的香槟地区也有发生，他们甚至还入侵了王后的私人森林。为粮食发起的暴动让诺曼底和布列塔尼陷入混乱，里昂附近的乡村集体拒绝缴纳什一税，而在尼姆、普瓦捷、卡尔卡松和这个国家许多其他角落，粮食暴动、拒缴封建杂税、销毁文件以及直接以暴力挑战各种权威，将国家带入了恐惧和动乱的狂热中。

＊＊＊

　　盛行于农村的焦虑和行动也经常被城镇居民效仿：初春，城市市场为反抗粮价上涨而发动的骚乱在诺曼底爆发，席卷了法国北部各个城镇，紧接着成为马赛地区骚乱浪潮的一部分。城镇居民和乡村居民一样，在陈情书上表现出了对税收和特权滥用同等的关注，然而他们之间根本的分歧依然存在。农民采取行动针对那些"囤积"粮食的人，那些人这么做是为了把粮食从生产者社区转移到需求旺盛、利益丰厚的城市市场，无论远近。而城市人群则涌向市场，要求以"公道的价格"将粮食送到他们手中。在实践中，这两者的视角有很多重叠的部分，农村居民也需要在市场上消费，这种情况在那些有越来越多的居民越发依赖家庭手工业和现金经济，以此作为生存手段的农村地区尤为常见。但基本的两极分化依然存在，对现在以及未来几年人们在这场危机中的态度持续产生着影响。

　　一些农村陈情书中流露出村民对城市外来者的愤懑，正如塞纳河流域的一个教区写道："通过个人手段发家的仆役，取得了巴黎资产阶级的光荣头衔，可以出租或购买庄园。"和这样的声音相映衬的是，在许多地区的综合陈情书中，中产阶级毫不掩饰、轻蔑地攻击农村穷人，称后者为"以乞讨开始、以偷窃结束的乞丐精英"，"混乱、孤立、作恶、劫掠和偷窃的精神"均为其特征。城市居民担心这一群体日益壮大，所以一次次地申诉，呼吁采取更严厉的措施打击懒惰、酗酒又"危险的穷人",甚至要求禁止其流动。[10]在充满危机的严峻现实的推动下,寻常的贫困人口比率翻了一番,近五分之一的人陷入贫困和绝望之中,人们对农民身上潜在暴动威胁的长期反感情绪也因此开始沸腾。

夏末,布列塔尼中部的一位地方官员总结了农村的情况,声称这一状况导致"我和所有其他理智的人"对未来产生了"极度恐惧"。有传闻说,农民决心拒绝缴纳所有新的什一税,并公然表示"收费便意味着流血牺牲",他们宣布废除什一税,因为这一提案已经被他们写进了陈情书。[11]其他社区也广泛采取了这一态度来对待国家和封建领主的强征,从城市领导阶层的角度来看,伴随良好秩序的彻底崩溃而来的是对财产的真正威胁,这已经成为近在眼前的恐怖事件。

4月,巴黎市内底层人民已经尝到了这种威胁的滋味。这个约有75万人口的拥挤城市,出于安全考虑将三级会议与会代表的选举推迟了几个月,而当选举真正开始时,一个富有制造商发表的一些欠妥言论引发了大规模抗议,因为他暗示了可能会实施普遍减薪的政策。数千名工人在城市东部游行,与当地驻军反复发生冲突,他们高呼口号,维护自己"第三阶级"的地位,并最终围攻了让-巴蒂斯特·雷维隆,即那位轻率地发表了意见的制造商的工厂。

虽然引发人群愤怒的对象成功从工厂逃离,但整个现场遭到彻底破坏,军队对暴动者施加了残酷的镇压,这反映出后者造成的事态之严峻。至少有几十人在冲突中死亡，也有记录称死亡人数可能达几百人。司法当局迅速将一些穷人处以绞刑，宣布他们有罪，希望能够借此抑制任何一种进一步动乱的趋势。

这些针对雷维隆的骚乱事件，在三级会议与会代表准备聚集于凡尔赛宫之际，成为全国的爆炸性新闻，并对加强针对全国性骚乱的新兴反抗趋势起到了帮助作用。一年前，特鲁瓦率先引入了武装志愿巡逻队，这些队伍由可靠且拥有财产的居民组成，负责在王室官方机构无能为力时维持秩序。1789年春天，包括奥布河畔巴尔、桑斯、亚眠在内的其他地区也纷纷效仿。还有一些地方，比如埃唐普、卡昂和奥尔良，搬出了尘封已久的法规，允许官方性质的民兵队伍成立，并重新组建了被忽视了数十年的"火枪手队"或"弓箭手队"。马赛和利穆结合了上述方法，史无前例地组建了半官方性质的民兵团。在一些地区，城市和农村的领导者联合起来，组成了武装人员同盟网络，准备保卫财产。

所有这些人都认为自己是"爱国者"，为一场全国性危机而团结起来。随着春夏交替，人们越来越明白引发这场危机的根源是"贵族"的敌意。尽管如此，他们恐惧和侵略的直接目标往往还是农村人口中比较贫穷的那些。在法国大革命爆发前的关键几周，这种尖锐的社会对立更加凸显。

* * * * * *

危机与革命

想要理解农民持续的不满和要求如何催生出"法国大革命"这一震惊世界的事件，我们必须把视角拉大，从更多角度考虑到底是什么原因导致了他们面临的境遇。大革命源于一系列环环相扣的危机，各个阶段的危机涉及的社会群体越来越庞大，有些群体在上一段危机的涉事者看来还在冷眼旁观，在这一阶段就已经挺身而出，表明自己关心什么问题、阐明自己的愿望，大革命涉及的问题范围也因此逐渐扩大。

回顾18世纪60年代，长期的战争债务问题激发了许多改革尝试，而在王室政府和司法阶层精英之间似乎出现了争端。大臣被委任执行王室的"专制"意志，而贵族法官宣称自己是古老宪法的捍卫者，因此有权反对可能会对特权结构产生威胁的税收改革。老国王路易十五在他统治的第六个十年里厌倦了争论，因此在18世纪70年代初关闭了最高法院，他似乎是本着一种颇具前瞻性的"开明专制主义"精神行事。

但是，法官们的说辞在更广大的受过教育的民众中反响很好，这些民众来自王国的资产阶级，在启蒙运动时期的社会以及知识分子机构中日益活跃，相互影响。一本名叫《民意》的小册子用激烈的措辞，不顾重重审查，谴责关闭法院是违抗宪法的行为，是一场叛国的政变。而年轻的新国王路易十六于1774年登上王位时，恢复了最高法院的所有权力，并明确表示自己愿意遵循这种无懈可击的观点。颇具讽刺意味的是，在接下来的两年里，新国王雄心勃勃地支持无可争辩的"开明"财政总监杜尔哥，却因为他的经济自由化政策遭到最高法院和其他地方保守派势力的诋毁，最终造成了更多困境和政策上的灾难。此后，市场管制政策的取消在巴黎地区引发了一系列激烈的粮食暴动。在此影响下，杜尔哥下台，市场管制政策也被迅速恢复了。

法国王室借着"民意"的高涨，让对美国独立的财政和军事支持从秘密走向公开。这场针对旧"英国人"的新战争非常受公众追捧，而这个新美洲国家的共和主义精神，依靠本杰明·富兰克林的精明形象，奇特地吸引了法国贵族军官阶层的热情支持。18世纪70年代末和80年代初，政府严重依赖贷款和传统的临时战时税收来拨款给陆军和海军，避免了进一步的危机。但是，在一场高层政治争端将富有热情的财政总监雅克·内克尔赶出政府之后，他的继任者们发现自己正面临着完全无法维持的局面。

债务负担已经膨胀到就算不进行任何重大改革，仅仅试图缓慢而长期地偿还债务本身，也足以使国家财政状况崩溃的程度。从1783年开始的几年和平时期带来了减税的紧急政治需求，但没有带来任何解决方案。到1786年，路易十六和他的财政总监卡洛纳决定通过权贵会议这种曾经短暂存在于17世纪的手段，绕过顽固不化的最高法庭。权贵会议是一个由精心挑选的、来源范围更广的社会和政治精英组成的机构。如果王室的改革获得权贵会议许可，便可以无视法院的阻挠，得以合法化。

与前几次危机一样，这些权贵并不像政府期望的那样被动地默许政策通过。在1787年2月的会议上，他们谴责财政总监的无能导致了现有的债务状况，并认为改革会威胁到宪法赋予特权阶级的权利。几个月后，随着卡洛纳丢掉总监之职，这些人再次让王室为获得短期应急手段而陷入和最高法院的斗争。双方都越来越多地企图吸引"民意"和"民族情绪"，大臣威胁法院，说他们可能会把自己的对手抛向人民，这种说法就像是要将对手抛向恶狼一样。

1788年春末最高法院第二次被废除时，事态进一步恶化。随之而来的是又一波动乱，严重程度已经远远超过18世纪70年代的水平，毕竟当时还只是发发小册子，而这次已经演变成大规模暴动。1788年8月，走投无路的王室几乎完全失去了资金储备，国王不得不让步，再次恢复最高法院，以便获得他们急需的短期借款。召开三级会议的想法已经不可避免，这个会议象征着政府"专制主义"模式的终结，历史性地回归到人们普遍轻率地理解为更加开放、更具协商性的国家统治形式。

人们忽视了一个事实：这种集会在过去断断续续地存续，持续召开的时间通常很短，而且往往是在危机爆发的时候。最开始权贵抵制得十分激烈，并示意可能得等上四五年才能召开三级会议，但到1788年夏天，在次年召开三级会议仿佛成了将国家从分崩瓦解中拯救出来的唯一手段。但是，上次召开这个会议还是在1614年，当下该如何召集这样一个议事团体呢？1788年9月，巴黎最高法院的法官、宪法正义的守护者们，宣布了从他们的角度看来唯一合乎逻辑的答案：把与会成员像上次一样分成三级，即神职人员、贵族和"第三阶级",他们将拥有平等的表决权。

这也为法官们参与政治斗争的情况敲响了丧钟,因为先前支持他们的开明民众似乎终于意识到,法官对现实的落后看法会将绝大多数公众置于被动的边缘化过程中。而且,由于王室放松了对与会代表构成的审查,法官们被一波又一波的文章、小册子和书籍淹没,它们宣称第三阶级才是真正的国家意志,应该在会上拥有发表决定性意见的权利。

眼下,整个精英阶层面临着一场广泛的公众动员,而他们继续对这个问题施以模糊处理方式。到年底,大臣们勉强同意第三阶级的代表人数可以翻倍,但到底是否采取按人数计票的方式,好让这种翻倍具有实际意义,这个问题被搁置,留给未来与会的"阶级"们自己决定。而政府方面,在再次受聘的、"创造奇迹"的财政总监内克尔领导下,在短期的财政应急手段上耍了些花招,所以对选举和陈情书的起草给出了非常宽松的指导意见。王室政府仍然坚信人民会老实地按照会议议程安排行事,而那些认为自己能引导民意的受过教育的人同样确信,整个国家都将听命于他们的安排。

到1788年底,这个国家的居民正经历着一个近乎饥荒的冬天,他们不再愿意被动地追随任何人,并且在接下来的几个月里,无论是通过陈情书还是直接付诸行动,他们都明确且颇具威胁性地强调了这一点。还是在这几个月里,另一股政治势力也开始聚集,贵族们被迫意识到,在前几年所有的精英反抗运动中,他们自认为具有的那种天生的、上帝赐予的社会优越性受到的威胁实际上并不是来自王室专制主义,而是来自王国中被他们鄙视的广大平民。

* * *

三级会议危机爆发之前,法国贵族们在观察自身周围的社会环境之后会有很多理由认为,社会上大多数人都渴望过和他们一样的生活。律师和商人一有机会就会将毕生积蓄投入追求土地和封建权力中,以追求一种不受生意所恼,能够将自己奉献到更高事务中去的贵族生活。法国各地的贵族们为在过去几十年中广泛传播的开明社交制度增光添彩。无论是官方学院还是非官方的地方文学团体,都加入了诸如农业改良协会之类的团体,以促进文明和改革意见的交流。与此同时,贵族也从一个更肮脏、灰暗的方面认识到了自身地位能带来的利益:昂贵的王室官职就像封建权力一样可以交易,从蓬勃发展的全球贸易中得利的大量新富人对这种交易的需求攀升,这让官职价格在18世纪80年代飞涨,而贵族们正是看中了这个天价市场。

选举进程打乱了这一切。其中一个关键原因是,它突然在那些实际上被法律承认的贵族和那些只是在社会阶层上游、过着"贵族生活"的人之间劈开了一道裂口。任何没有必要的认证文件

下页图
1789年三级会议隆重开幕时的画面,这幅画是为了纪念其召开一周年而绘制的。当时,法国走向君主立宪制的进程似乎相对顺利(法国国家图书馆藏)。

OUVERTURE DES
à Versailles,
Ainsi fut convoqué sous le meilleur des Rois,
Ce Sénat des Français, ce Tribunal suprême,

Présentée et Dédiée
Le 4 Mai 1790,

Cette Salle a été construite par Mr. Paris, Chevalier

ÉTATS GÉNÉRAUX
le 5 Mai 1789.

Qui, soumettant aux Loix l'orgueil du Diadème,
Déthrôna les abus, et nous rendit nos droits. *Palissot.*

à l'Assemblée Nationale.

Par Helman, Graveur de Madame.

的人都只能加入第三阶级,和那些乌合之众一起投票,还有许多贫穷的乡绅和前任部队军官对于重新发现自己经过官方认证的血统中的权力要胜于那些刚刚发迹不久的暴发户这一事实感到非常开心。这一点在选举进程中得到了进一步凸显,因为几乎所有贵族选民都拒绝投票给那些仅仅拥有王室官职的所谓新贵族和法官。他们选到凡尔赛宫的是真正显赫的代表,包括狂热的改革派拉法耶特侯爵,但他们大部分人对资产阶级社会中那种只是虚张声势的社会地位十分不满,也越来越对源源不断的有国家倾向的言论产生警惕,因为这十分明显地威胁到了贵族社会身份的核心。

与此同时,第三阶级正在以国民身份发出自己的声音。经过数百次地区会议,参会代表最终通过选举诞生了,并为他们写着各种各样需求的陈情书提供了明确的议程,即城市居民和中产阶级要求永久修改宪法,并废除财政(也含蓄地提到了其他)特权,但这并不意味着他们在寻求严格意义上的平等。1789年5月5日,第三阶级代表及时赶到凡尔赛宫,参加了盛大的三级会议开幕仪式,他们之中律师占绝大多数,其中许多人还是地主,还有一些人显然也过着"贵族生活"。按照官方规定,他们都穿着一套过时、寒酸的黑色服装参加仪式,与神职人员的鲜艳长袍和贵族配有金饰的华贵服装形成鲜明对比。据说第三阶级的服饰成了荣誉的标志,但事实上,超过三分之一的第三阶级议员拒绝在着装上受到此等羞辱,提议采用这种服装作为制服的投票也彻底失败。

开幕式结束后,所有在凡尔赛宫的议员都发现,原本应该出面主持会议的政府代表不见踪迹。由于全国范围内的社会动荡一直持续，内克尔和国王几乎没有在三级会议的组织或议程安排上给出任何指导。三个阶级最初分别在单独的会议室开会，在核实每个代表的选举资格这一初步问题上陷入了僵局。改革者们要求所有阶级共同完成这一任务，这为将三个阶级整合成一个整体机构处理事务铺平了道路，也让占有其他阶级两倍席位的第三阶级更有话语权。对此，贵族和神职人员中的保守派持抵制态度，一个多月来，三个阶级一直没能在任何事务安排上达成一致。

无意义的停滞伴随着日渐加剧的紧张氛围，让那些仍然每天聚集在会议厅里的第三阶级代表有机会结识彼此。他们开始要求在集会上发言，并参与到更复杂的关于所谓民族身份认同和政治立场的讨论中去。过去一年在小册子里开始成形的想法得到进一步阐明和宣传，对当下局势抱有最坚定信念的个人开始脱颖而出。

到6月中旬，第三阶级代表借着这股力量，以绝大多数票通过了决策，宣布成立"国民议会"，并召集其他两个阶级以统一的身份加入。国民议会不满足于政府主导的改革，着手为法国编纂了一部全新的现代宪法。6月20日，第三阶级的代表们发现自己的会议室被上了锁，于是惊慌失措地休会，来到附近一个室内网球场，宣誓不论将来面对何种危险，都将团结一致，完成制定上述宪法。

他们的会议室被上锁，事实上是为6月23日举行国王亲临的

下页图

雅克-路易·大卫为庆祝1789年6月20日的"网球场宣言"而创作的纪念画。它从未完成，因为在接下来的几年里，许多该事件的参与者遭到了革命政治的抛弃。

危机与革命　　43

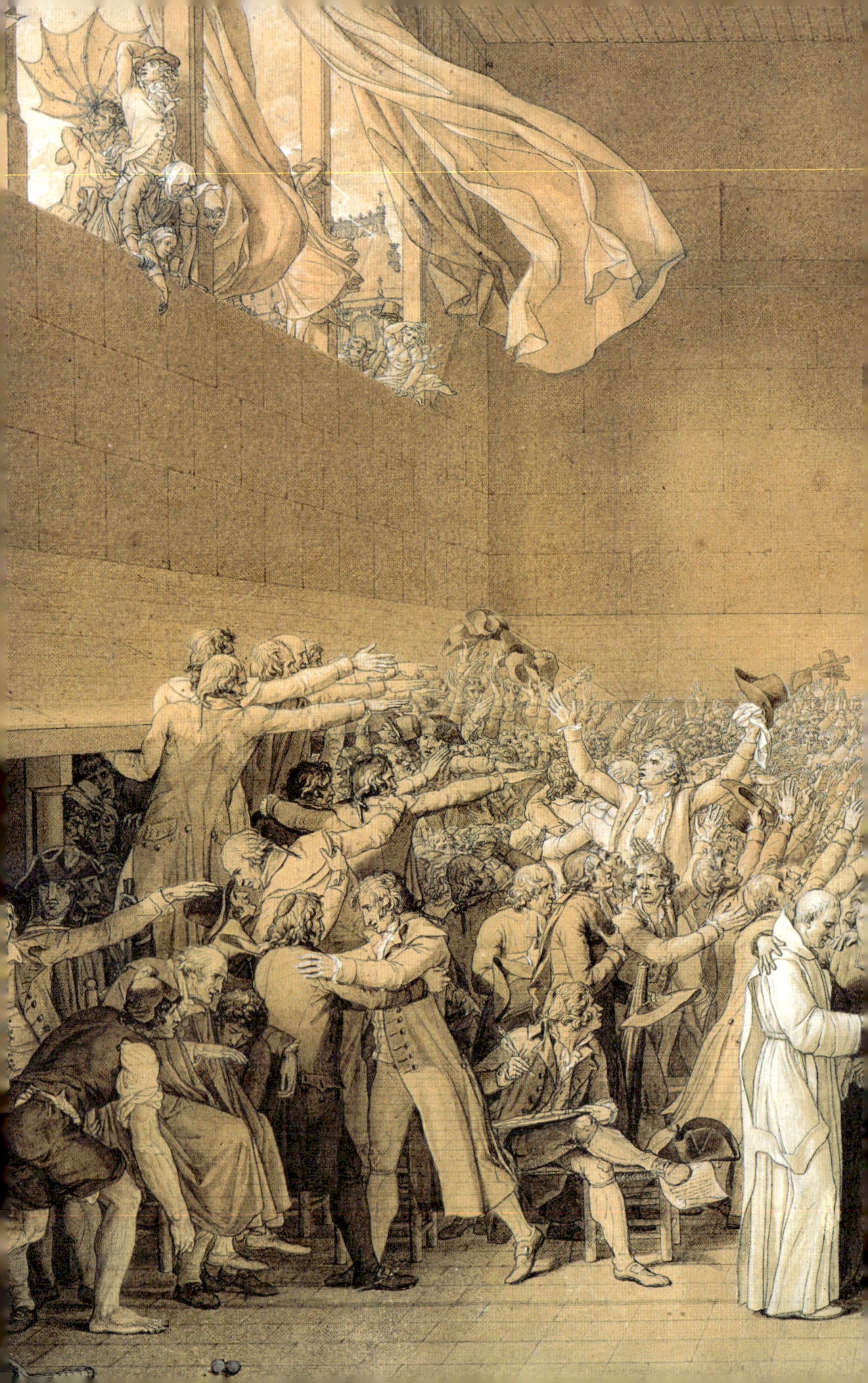

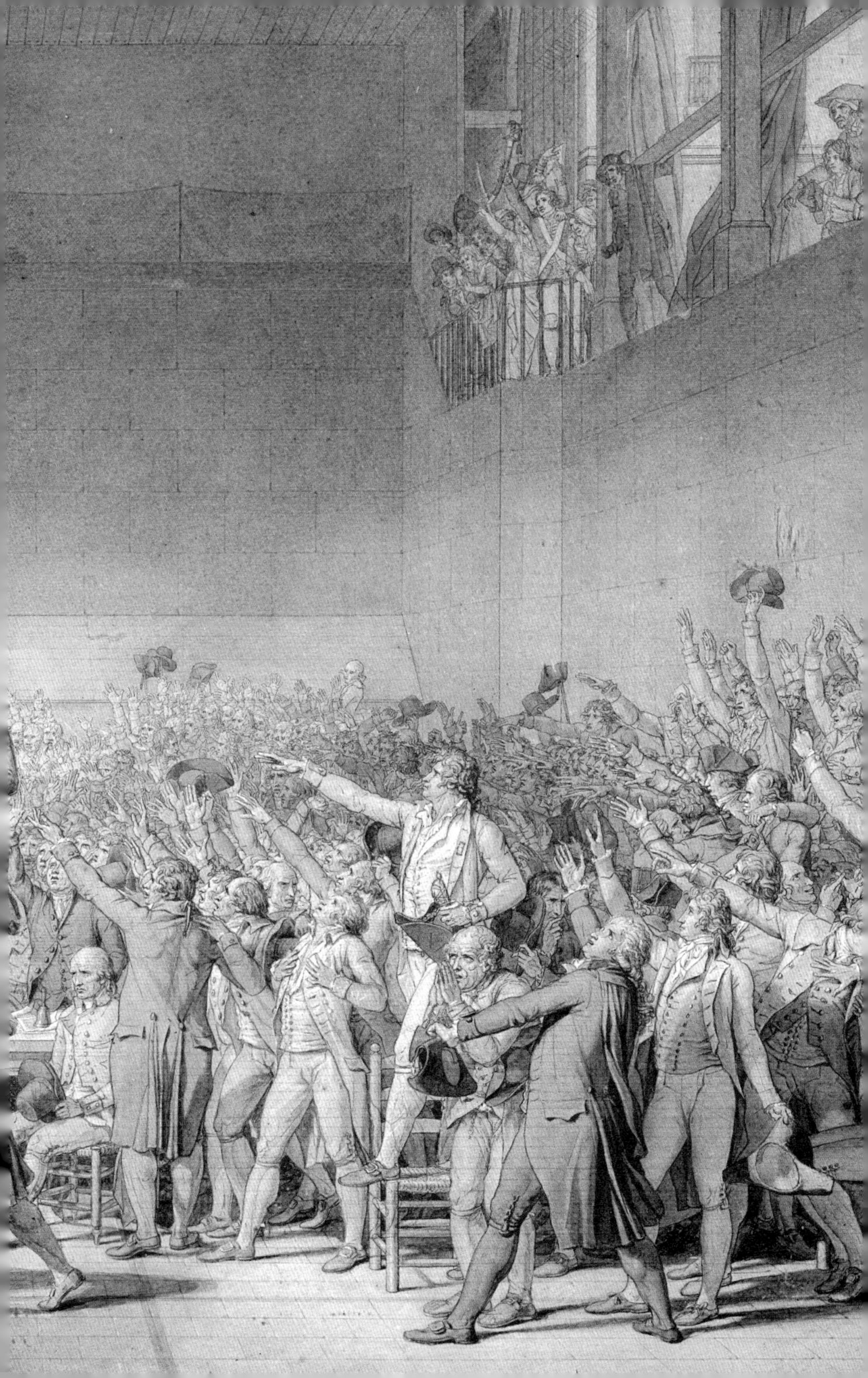

御前会议而重新装修（这是宫廷礼仪的要求）。这项没有事先通知的安排最终向三个阶级提出了一项王室改革计划，但这项计划除了取消了一部分财政特权并示意举办更频繁的咨询会议之外，并未对国民议会和宪法予以承认。王室命令国民议会重新回到按阶级划分的会议室里去，但遭到拒绝，因为每天都有越来越多的改革派神职人员和贵族加入他们。国王听到被拒绝的消息后，只是耸了耸肩，但他周围的人却决定采取更果断的行动。

乡绅并不是唯一害怕国家主权的人。从前一年年底开始，国王的兄弟、表亲和王子们就极力辩称王室权威正受到改革者新式政治思想的威胁。到6月底，这些人连同王后和大多数王室成员都确信，君主制正面临着一场必须以武力镇压的叛乱威胁，需要

1789年7月12日，内克尔下台的消息传来后，巴黎起义的萌芽初次出现。这是勒絮尔兄弟创作的一系列当代插画中的场景（卡纳瓦雷博物馆藏）。

把凡尔赛宫里的代表与他们在巴黎潜在的支持者之间的联系切断。当年4月才镇压了暴乱者的驻军现在却危险地哗变了。一个新政府已经出现，并坚持要求王室服从6月23日的议程，否则他们将采取强制手段。劝说之下，路易十六同意了，这中间还有其子女的人身安全遭到威胁的因素。王室从7月初开始下达军事命令，数万军队向首都进发，其中许多人来自瑞士雇佣兵团或其他"外国军团"，他们在这场危机中被视为更加可靠的一方。

* * *

7月11日，议会策划者发起了进攻，王室宣布解雇内克尔，并设立了一个由值得信赖的保守派组成的部门。但从最初的几个小时开始，政变就没能得到很好的处理，因为没有足够多、足够可靠的部队就位。军方领导人警告说，他们甚至连保卫好首都的关键地点都不能保证。此外，民众对内克尔被解雇的消息反应之大也完全出乎王室的意料。巴黎群众很快理解了正在发生的事情，并将其与面包价格的飞涨联系起来，认为这是用饥荒征服民众的阴谋的一部分。7月12日的示威游行让人民与军队发生了冲突，人们在一夜之间袭击、摧毁了巴黎许多座收税站（巴黎共有数十座这样的建筑）。食物储备从城市修道院中被抢夺出来，但在地方议会成员和叛军的领导下，越来越多的无差别抢劫者被当即处决。这是一场起义，而不仅仅是暴乱。

几个月前为选举三级会议代表而设立的全市议会被征召为公

民民兵队伍。他们入侵了荣军院,抢夺了数千支步枪,但巴黎的火药储备被锁在巴士底狱的要塞里。因此,7月14日,在几次和平谈判的尝试失败后,驻军、民兵部队以及成群的当地民众在这座中世纪建筑内战成一团,造成一百多人死亡,也为这些事迹附上了传奇色彩。

这个传说的一个方面是,庆祝胜利的群众认定巴士底狱的典狱长和巴黎那位由国王任命的市长为叛徒,将他们杀死。考虑到在这场血雨腥风中丧生的人,以及对城市的军事袭击可能造成的伤亡,这种处决几乎微不足道。但这群杀死了显要人物的平民不仅没有受到惩罚,反而被歌颂,这在精英阶层的思维模式中显得卑鄙而反常,这些事件因此获得了图腾般的象征意义。一周后,又有两名高级官员被从藏身之地中拖出来,惨遭群众杀害,因为人们认为他们就是"饥荒阴谋"的罪魁祸首。

到那时,巴黎起义已经开始在全国范围内得到响应。自7月12日以来,起义的回声一直回荡在惊慌失措的国民议会内部。那时国民议会刚开始举行一场长期会议,他们感觉自己像是被围困了一样,时刻警惕着王室军队的到来,害怕与会代表们被逮捕。他们听闻了巴黎城中的骚动,却不知道这代表着什么。当消息传来,他们得知这座城市已经为保护他们而崛起,并取得了胜利时,紧张与喜悦一同爆发了,那效果之强,据说让一名代表突发中风而死。7月15日,国王在几乎没有任何侍卫跟随的情况下亲临国民议会会堂,宣布自己是议会中的一员(他几乎别无选择),这让代表们更加欢欣鼓舞。两天后，巴黎举行了庆祝活动，国王受到自封的革命领袖欢迎，所有人都宣称将团结一致，为共同利益而努力。

然而，这些姿态仅仅是为了保护国民议会不被立即解散。7月11日的事件向所有人证明了改革正面对着切实存在的危险敌人。国王最小的弟弟阿图瓦伯爵和事件的其他谋划者一起逃往国外，毫不掩饰他们打算抵制议会尝试创造出的任何新事物的态度。从1789年夏天开始，出现了越来越多的流亡贵族，对此还存在一种往往被夸大，但不完全是胡编乱造的看法，即他们的触手伸向并摧毁了国家的每个角落。

这一刻，农民再次在国家政治中彰显出自己的存在，但他们参与的事件通常不能被正确地解读，后来又常被认为是非理性且在政治层面上不太重要的。曾参与春夏之交各种反抗与起义运动的农民团体，以及仅仅对这些运动有所耳闻的其他农民团体都做好了"站着死"的准备。他们对之前种种因饥荒或不公平待遇而奋起反抗的经历，以及他们最后总会付出的代价记忆犹新。从7月中旬开始，人们担心"贵族"利用日益庞大的贫穷人口，以其包税人身份掠夺人们的收成。这种担心时而因来自巴黎的消息影响产生，时而因当地情况产生。这样的情绪开始在法国蔓延开来。

后世会将这一阶段称为"大恐慌"，并强调实际上并不存在这种规模的阴谋。但以之前几个月发生的一系列事件为背景来看，

下页图
这幅当代水彩画描绘了巴士底狱正遭受进攻时的场景，让-皮埃尔·豪尔绘。这是使1789年7月14日的事件迅速具有标志性意义的纪念画作之一（卡纳瓦雷博物馆藏）。

危机与革命 49

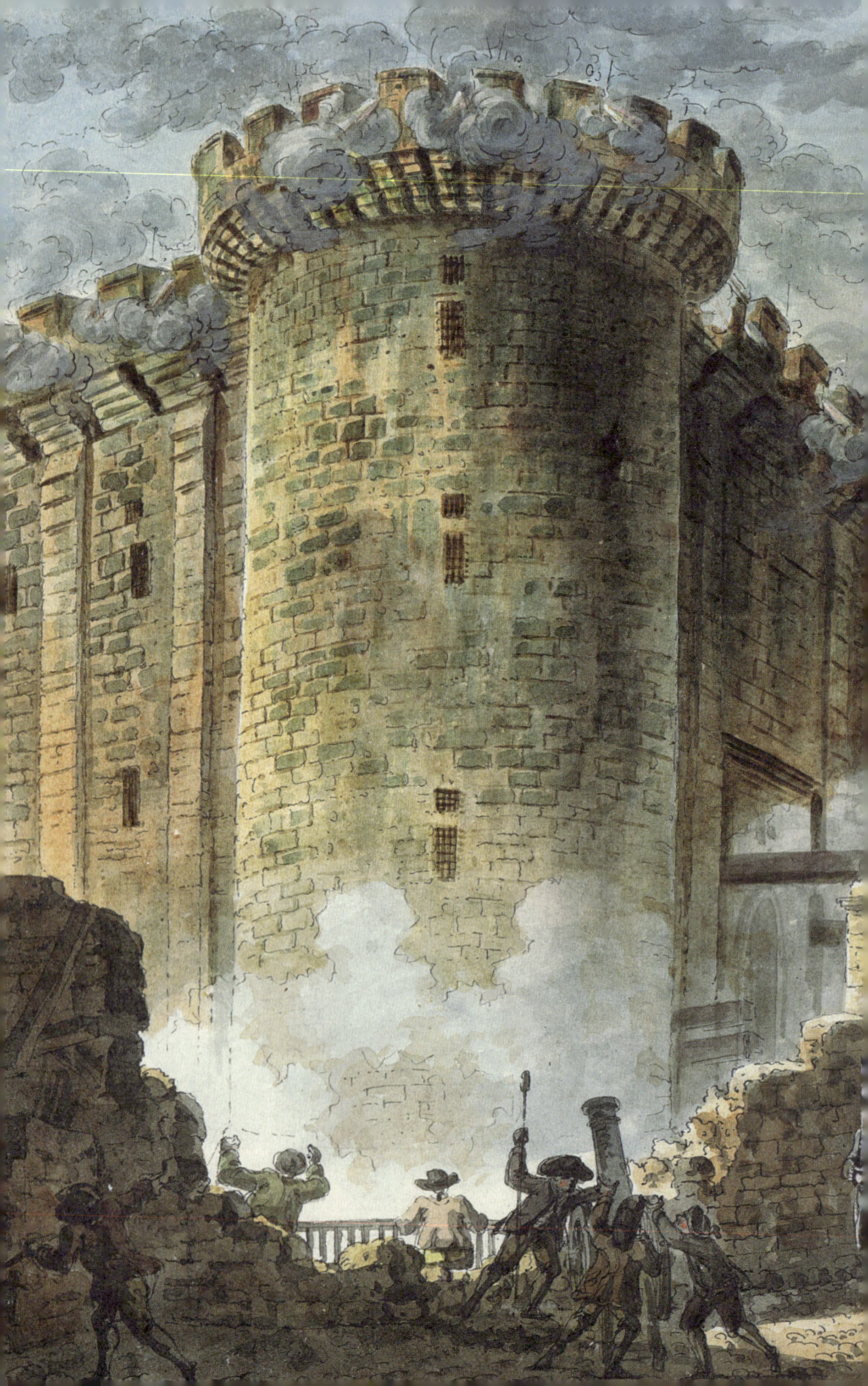

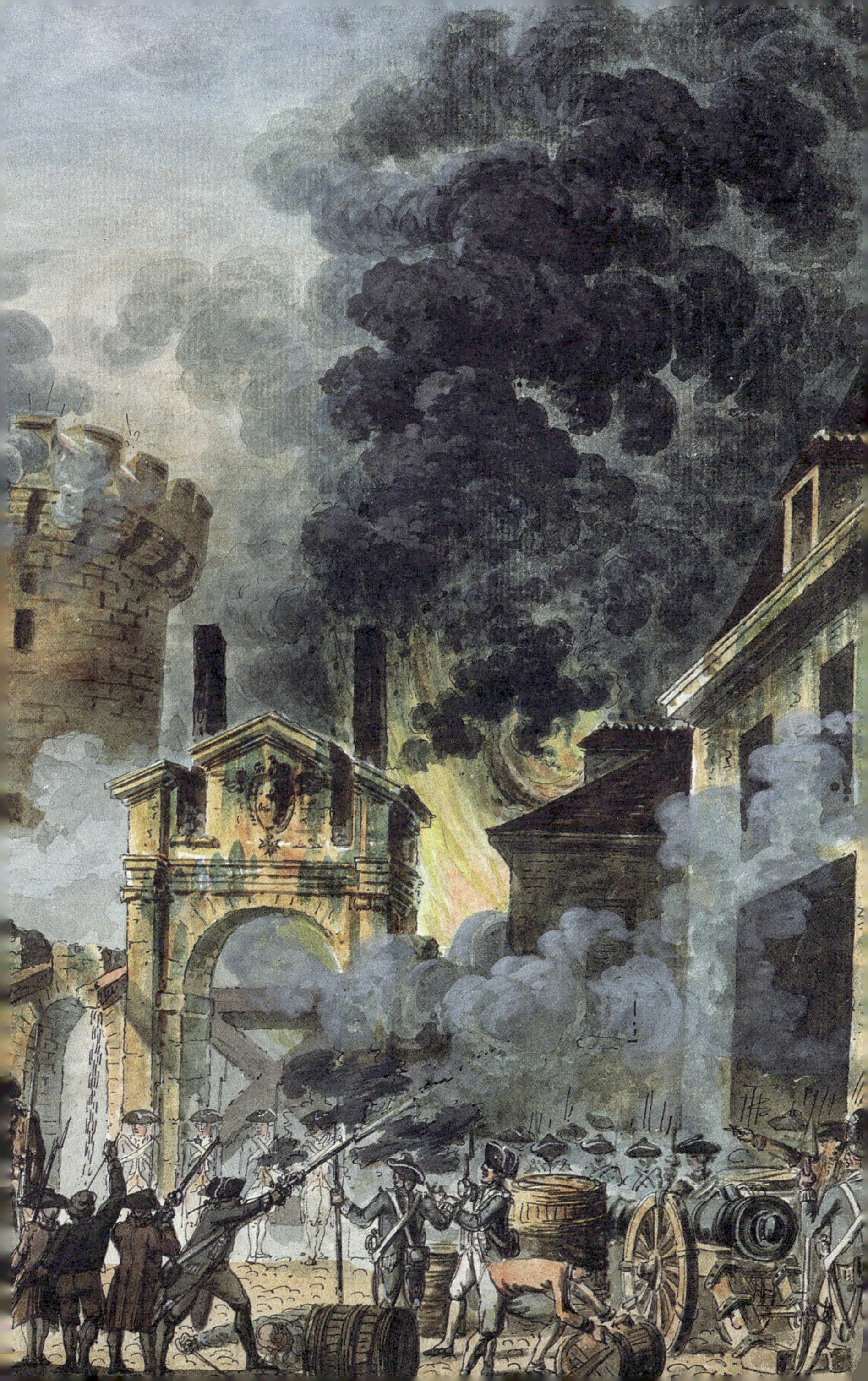

不光是预测这种危险对个人来说完全合理，就连贵族和国家政治中的爱国团体互相指责对方煽动了这样的危机也变得可以理解。没有人能在这几周里保持冷静。最初有几个事件遭到人们误解或过度反应，这些事件的影响通过特定的地方和区域通信渠道蔓延到数百个甚至数千个地点，造成了"大恐慌"的局面。在某些情况下，这些事件的传播速度远超想象。

农民团体预料到了这种消息，并做出了反应，他们武装起来，时刻保持警惕，有时还去巡逻（也给"有武装的陌生人到处流窜"的谣言进一步提供了依据），或像几个月前那样，入侵并征用领主的城堡。在国家权力彻底崩溃的情况下，这一切实际上是一种务实且以团体为导向的行动，而且几乎没有证据表明发生过无端的暴力事件。两名贵族死于勒芒以北一个名为巴隆的诺曼底人村落中爆发的冲突，还有一人死在法国另一端维瓦莱地区普赞村的冲突中，但关于这次席卷全国的风波的全部死亡记录仅此而已。如果说大恐慌带来了什么的话，那就是让农民们终于意识到改变已经发生，而他们已经不必再世代受权力压迫，能够自己站起来反抗他们。

* * *

但从政治中心来看，情况稍有不同。无论远近，来自各地的消息都传进了巴黎和凡尔赛宫，不过，传递速度甚至赶不上邮车的速度。来自不同地方的消息还经常在半路被同质化，这让实际上几场零散且短暂的危机给人一种全国范围内大起义的感觉。在忧心忡忡的地主看来，乡村动员变成了会彻底摧毁秩序的威胁。自7月中旬的创伤以来，国民议会发现自己陷入了越来越令人不安的边缘状态：尽管所有人都同意国王仍是他们希望的宪法秩序的核心，但实际上王室权威已经化为泡影，王室政府也陷入瘫痪。7月底，内克尔被召回复职，那时他已经走完了流放之路的四分之三，但现在，除了不断努力筹集足够的资金以避免政府破产之外，再没有什么新政策出台。

议员们梳理了陈情书上的意见以寻找灵感，就结束财政特权并公开国家立法机构政务的看法达成了一致，但除此之外几乎就没什么成果了。贵族身份，尤其是封建领主对普通民众的支配权仍然十分突出，还可能引发分裂斗争。8月的头几天，一群更激进的改革派代表，包括一些贵族，开始以由布列塔尼的第三阶级代表组成的"布列塔尼俱乐部"为核心召开会议，推行更果断的干预措施。几年来，布列塔尼一直承受着因顽固贵族反对改革而导致的激荡局势，以至于其省级机关受贵族控制，抵制了三级会议。基于这样的背景，布列塔尼的平民代表十分乐于攻击特权制度本身。

在他们的鼓励下，8月4日晚的议会会议上，两位改革派贵族——诺瓦耶子爵和艾吉永公爵急于打破眼前的僵局，几乎是争先恐后地提议废除领主特权。其他发言者紧随其后，其中有贵族也有神职人员。他们对自身周围的环境充满恐惧，同时又受到启蒙运动的熏陶，这二者混合成一种易燃物，迅速燃烧成语言上的熊熊大火。这场针对特权的战火,就这样一直燃至三更半夜。

夏特雷公爵等特权捍卫者抛弃了他们集中起来的权力和权利,这被某位观察者称为"一种魔法"。某个更加愤世嫉俗的观察者可能会注意到,直到7月16日夏特雷辞职之前,他一直是巴黎驻军的指挥官之一,他可能有充分理由担心自己未来会面临残酷的命运,除非人们认为他和人民站在一条战线上。他还坚持表示,自己希望放弃宝贵的权利能换来"公正的补偿",并在一名教士将贵族的狩猎领地垄断权放在公众目光的"火焰"上"炙烤"后,又一次站出来,要求废除教会收取的什一税。[12]

另一名观察者或许更尖刻地评论了不同群体之间"慷他人之慨"的行为,平民阶层的布列塔尼代表也带头放弃了他们的贵族同胞珍视的地方特权。当时的记录表明,午夜过后,呼吁完全宗教自由、废除贵族概念以及废止殖民奴隶制度的提议赢得了掌声。但是,这三个提议都没有出现在记录着会议最终结束前,代表们匆忙鼓掌通过的十六个关键问题的书面清单中,可见会议的局限性和参与者的犹疑已经开始发挥作用。一名平民代表在会议结束后立即向家里写信道:"我们是一个兄弟国家,国王是我们的父亲,法国是我们的母亲。"[13]然而,还没等到天亮,这种手足之情几乎就已经散去了。

随后的几天里,大会选举产生的秘书起草了一份修订版的决议案,8月11日人们进行表决。关于"8月4日晚"发生了什么事情,消息已经传遍全国。当然,这有助于平息眼下一些更急于解决的骚动。但当代表们感到眼前的危机有所化解时，他们便开始用更加务实的方法看待自己究竟放弃了什么东西。

8月11日的决议大胆地以"国民议会决定彻底摧毁封建政权"的宣言为开始，这是人们为囊括其抨击的各种特权而创造出的笼统术语。[14]第二项和第三项条款废除了饲养及狩猎动物的权利，特别针对鸽子，足见人们对这些行为的厌恶之深。不过法令还是留了些余地，即允许巴黎周围的狩猎保护区为满足"国王的个人乐趣"而保留下来。下一项里，议会废除了领主法庭，并且"毫无补偿"，尽管他们坚持要求领主法庭官员继续履行职能，直到被新制度取代。同样，尽管决议列举了长长的清单，写明了应该废除的各种形式的什一税，却还是命令民众继续"按之前惯用的方式依法"支付这些税，直到能给教会提供财政支持的新方案出台。

这种语言模式贯穿整个决议。王室官职的买卖被彻底叫停，但议会承诺补偿官职持有者的损失，并要求他们在被取代之前继续履行职责。税收、担任公职的权利以及存在于各省、镇和其他地理区划的特权也被立即废除，但封建制度的核心实际上是依附于农民的领主杂税，那又是另一回事了。和王室官职一样，被废除的这些都是宝贵的财产。

从第一项条款开始，决议一直坚持强调这种区别。和奴役个人或是农奴制度历史遗留问题相关的权利都明确被"无补偿"废除，但所有其他权利都"可赎买"，具体执行原则议会将进一步规定，而且至关重要的是，这些"可赎买"的权利可以"持续有效，直至赎金付清"。这种模式被重复采用，由教会以外的机构拥有的领地什一税"将可被赎买"，但与此同时，"国民议会命令收税方继续征收税款"。

所有构成日常土地负担的"永久地租"和所有其他收获杂税同样可以赎买，但也仅仅是"可以赎买"而已，其所有者完全有权在赎买期间继续收取这些款项。对于"赎买"这些重担究竟意味着什么，并没有具体说明，但人们普遍认为，这意味着一次性支付大约二十年的税金，以及把它们当作年利率为百分之五的投资利息。

这根本不是全国农民在过去半年里集体抗争千百次想要达成的结果。如果村民们想知道国民议会对他们的抗争有何想法，他们只需参考前一天颁布的一项法令就行了，那项法令声称"虚假的警报"传播的"混乱和无政府状态"是"国家的敌人"为阻止"建立自由"而策划的"犯罪计划"。[15]

他们还会了解到，依靠新秩序的力量，市民、民兵组织和正规军队奉命合作追捕"这些阴谋的领导人"，让他们受到"严厉处罚"，并且"以儆效尤"，而且"所有煽动性集会……就算以狩猎为借口"也应当"立即解散"。这些机构还对所有"声名狼藉者、无业者和居无定所者"进行登记，所有这些人都应被解除任何程度的武装，并受到"国民自卫队"监视。

＊＊＊

接下来的几个月里，法国农民安静地消化了国民议会的态度中隐含的深意，将其与村民们已经牢牢掌握自己命运这一无可动摇的事实相权衡（而且，不久后每座村庄都会获得正式的自治权，有权选举地方长官并建立委员会来管理内部事务）。1789年最后几个月，农村又恢复了相对平静的状态，因为农民们要开始收获他们宝贵的作物，并默默地拒绝缴纳各种什一税和杂税，而大多数包税人都对此持谨慎态度，没有十分坚持自己的主张。与此同时，在首都，城市消费者的恐慌、有产阶级的利己主义和对反革命的恐惧结合在一起，激发了新的决定性变革。

国民议会将1789年8月下旬的时间都用来讨论如何制定宪法，他们决定让这部宪法以一份《人权和公民权宣言》为开头，之后又花了数周争论这样一份宣言里该包含哪些内容。代表们十分沙文主义，坚持认为这是一份对所有人而言都很重要的宣言，它向世界宣告了法国的志向和优越性。然而，他们实际不过是写下了中产阶级对法国治国方针的种种不满，再将其转变成听起来就很笼统的主张。他们宣布人民享有"与生俱来且不可侵犯"的权利，但只包括四项，即人身自由权、保有财产权、享有安全权和反抗压迫权。接下来的大部分内容都取决于用"法律"裁定权力的范围，它从"本质上属于国家"的主权中产生，并起到"表达共同意愿"的作用。[16]

身着蓝色制服的国民警卫队和正在返回城中、游行庆祝十月事件胜利的巴黎妇女。她们手持绿色树枝,作为和平与胜利的象征,但也举着两颗皇家卫兵的头颅(法国国家图书馆藏)。

危机与革命 59

通过一系列很有说服力的列举，我们发现只有法律才能明确一个人"被起诉、逮捕或拘留"的条件，这是对蛮横的行政权力的打击。但同样，任何受到依法传唤的人"必须立即服从，拒捕即为有罪"，这个条款出现在一份关于权利的文件中非常奇怪。言论自由和观点自由得到法律保障，但不得"扰乱法律确立的公共秩序"，而且"滥用这种自由"在"法律规定的情况下"应当受到惩处。在很大程度上，人民的权利只存在于一个权威性且可能带有独裁性质的乐观法律框架中。

宣言最后三分之一的大部分内容都是就选举国家代表的权利以及对政府开支的公共监督提出的非常具体的主张。第十七项条款末尾着重强调，私人财产是"神圣不可侵犯的"，不得被国家征收，除非"公共需要"，就算如此也必须予以"公平且预先支付的补偿"。在封建权利和国家机关中投入了数十亿里弗尔资金的上层阶级，在这份所谓的具有普遍价值的宣言中，小心翼翼地确保了自己得到赔偿的权益。

《人权宣言》虽然通过非官方渠道广泛宣传，但并未经官方颁布，关于封建政权的法令也是如此。国王作为政府首脑，正在用不作为的方式行使非官方的否决权，而到9月，国民议会就陷入了一场关于是否应该在新秩序中给予国王官方否决权的激烈辩论。激进派和保守派在另一问题上不同寻常地形成了统一战线，他们几乎一致否决设立立法机关上议院的提议（他们认为这是得到任命的改革派高层企图篡夺权力的行为）。关于否决权的辩论却毫无方向地打转，最终演变成关于对可以阻挠新法律通过的"暂停"权概念的议论，但这个想法后来也被连续两届立法机关投票推翻。

议会之外，在凡尔赛宫、附近其他城镇和巴黎的街道上，由粮食供应问题和更普遍的经济混乱掀起的民众骚动浪潮愈演愈烈。新的民兵队（现在被称为国民警卫队）迅速处理了首都那些失业的打工者的需求：他们逮捕了数以千计的人，并用船将其遣送回原籍省份。其他劳动人民为得到救济而举行的公开会议遭到禁止，甚至在某些情况下，他们的参与政治活动的权利都被剥夺。但事实证明，与之相比，改变女性消费者抗议面包价格及其短缺情况这一由来已久的传统要困难得多。从9月中旬开始，抗议示威和扣押运输中的粮食等现象不时发生。人群两次包围市政厅，要求政府解决问题。

随后传来消息说，10月2日晚，国王和王后在凡尔赛宫为招待刚刚抵达的部队举行宴会，还提出为"反对革命"共同举杯，而刚刚被采用的三色帽徽，革命的神圣象征，据称被众人踩在脚下践踏。10月5日，对政治走向的警觉与持续发酵的粮食危机突然融合，发生聚变反应，促使数以万计的男女走上巴黎街头。当天下午，领头的人们决定出发前往凡尔赛宫，去向政府的核心寻求解决方法。供应危机、隆重的请愿和天黑后一场突发的暴力冲突，在这一系列发生在传统女性角色身上的惊人且复杂的碰撞中，这种干预从根本上转变了革命进程的走向。

被任命为巴黎国民警卫队领袖的拉法耶特侯爵说服路易十六

在奋起的群众面前妥协,听从他们的要求迁往巴黎,因为这样才能保证他的安全。人们似乎相信,让他以半人质、半保护者的身份和家人一起来到巴黎,就能让人民免遭"饥荒阴谋"的折磨。第二天,在国王的陪同下,游行队伍回到城市,这是一场狂欢似的凯旋。然而从那时起,路易十六就把自己看作一个彻底的囚犯,并与王后玛丽·安托瓦内特一起,开始更加坚定地决心推翻革命。国民议会投票决定跟随王室一同前往巴黎,仅仅几天后就在那里建立起了临时基地。10月21日,议会投票通过了新的戒严法规,用于应对未来发生的任何公众骚乱事件。

★ ★ ★ ★ ★ ★

失败与背叛

虽然巴黎适应了作为新的政府驻地和政治中心的事实,整个法国却仍然在新旧政策的混合实施中饱受煎熬,令人不安的巨变和延续下来的古怪旧传统伴生,伟大的宣言和棘手的地方冲突并存。许多领主和包税人不肯放弃从1789年的收获中收回封建权利的希望,而直到11月才终于正式颁布的关于封建制度的法令也怂恿了他们,因为法律条文是站在他们这边的。

随着冬天临近,充斥着愤怒的冲突在全国范围内再次爆发,主要是口头上的,但偶尔也有肢体上的。在佩里戈尔西南方向的地区,这种冲突演变成规模大得多的风波。前一年的经历使村庄在面对动荡局势时非常乐于团结,也乐于通过武力维护自己的权利。12月,大批武装农民带着不同程度的挑衅意味造访当地领主的城堡,要求领主退还征收的税金。有时,农民为抵制支付更多款项而对团结一致的强烈要求会让他们采取极其强硬的手段,有记录表明,有群体威胁称,要绞死"第一个付租金的人"。[17]

1790年1月,当局逮捕了几名被指控为农民叛乱头目的人,并将他们关押在当地一个小镇上,附近的几座村庄为此集结了4000多人的武装队伍。他们攻入该镇,解救了囚犯,并将当地一位显要人物扔进了牢房。在接下来的三个月里,类似的反抗在波尔多和蒙托邦之间的广阔地区逐渐升级,除了针对封建杂税发动直接攻击外,象征性地焚烧贵族教堂里的长椅,并撤下只有特权阶级才被允许竖立的风向标等行为也时有发生。

超过三百座村子参与了一百多起互不相关的远征和袭击事件,

每起通常涉及数百人。人们借用了当地竖立五月柱以表庆祝的习俗，还在上面添加了三色装饰，进行了革命性的改装，由此衍生出了未来数月、数年里，全国范围内种植"自由之树"的惯例。

虽然农民这些行动，连同他们为自身物质利益而做的动员，相对而言更容易被解读为一种民心所向、驱动革命走向未来的理念，但实际上，人为地将群体的经济认同感与其广泛的文化根源区分开是错误的。这个地区的运动刚开始平息，法国南部就因一系列宗教派系争端陷入动荡。

路易十四废除早先对胡格诺派新教徒的宽容措施后，这些人承受了长达一个世纪的迫害。尽管如此，他们仍是法国南部一个人数不占优势却十分重要的群体。1789年底，当这些"异教徒"同样被赋予了公民权利时，狂热的天主教团体被激怒了。其中一个团体的领导人会见了流亡都灵的阿图瓦伯爵，后者承诺为他们提供物质和意识形态上的支持。因此，虽然公开冲突的爆发是受到这个明确反对革命的贵族推动，但事实证明，城镇和乡村的人民几乎完全不需要动员，就能围绕宗教认同感团结起来。整个冬天，相互对立的天主教徒和新教徒民兵团体遍布法国南部，到1790年初春，守护天主教国教地位的努力在巴黎宣告失败，在此推动之下，战斗蓄势待发。

4月底，图卢兹发生暴乱，支持革命的群众攻击了聚集起来、为教会权利请愿的天主教徒，而5月中旬，蒙托邦当地的天主教徒发动了一场起义，打头阵的是由数千名妇女组成的示威队伍。她们要求当局停止清点待售宗教资产。来自遥远波尔多的国民警卫队威胁要在此地集结，受此影响，一个新的、强有力的反革命地方政府不得不在谈判后解除了当地武装。

更糟糕的还在后头。在法国东南部的尼姆，一名新教徒商界寡头在选举中获胜，控制了该镇。出于对受胡格诺派异端支配的恐惧，再加上阿图瓦伯爵这个反革命人士的煽风点火，人们发动了令人震惊的暴力事件。同年6月，天主教武装势力发起了对地方政府的反抗，双方都向附近村庄的同教派人士寻求支援，导致大批武装人员涌入。最终新教徒取得了血腥而可怕的胜利，包括部分神职人员在内的约二百名天主教徒惨遭屠杀。

这让整个事件的可悲程度达到顶峰，而这场屠杀是在平息革命的解决方案逐渐成形的过程中体现出的关键矛盾里酝酿而成的。其中一些矛盾是解决方案的核心。《人权和公民权宣言》里"国家、主权和'公众意愿'"的概念融为一体，这标志着在国民议会和更广泛的政治阶层中存在一种近乎形而上学的信念，即在政治活动中，人们可以、应该而且必须是团结且毫无冲突的。

议会在随后几个月里做出的决定，比如仅设立一个国家立法机构、禁止立法机构成员同时担任政府部长、禁止立法机构成员公开参与竞选、选民必须以自己的意愿非公开提名心目中的"最佳"人选等，都指向一个信念，即任何看起来像政治党派斗争的

下页图
一幅由勒絮尔绘制的插图，描绘了人们种植自由之树的场景，在这里以某座城镇中有组织的公民节庆活动的形式表现出来（卡纳瓦雷博物馆藏）。

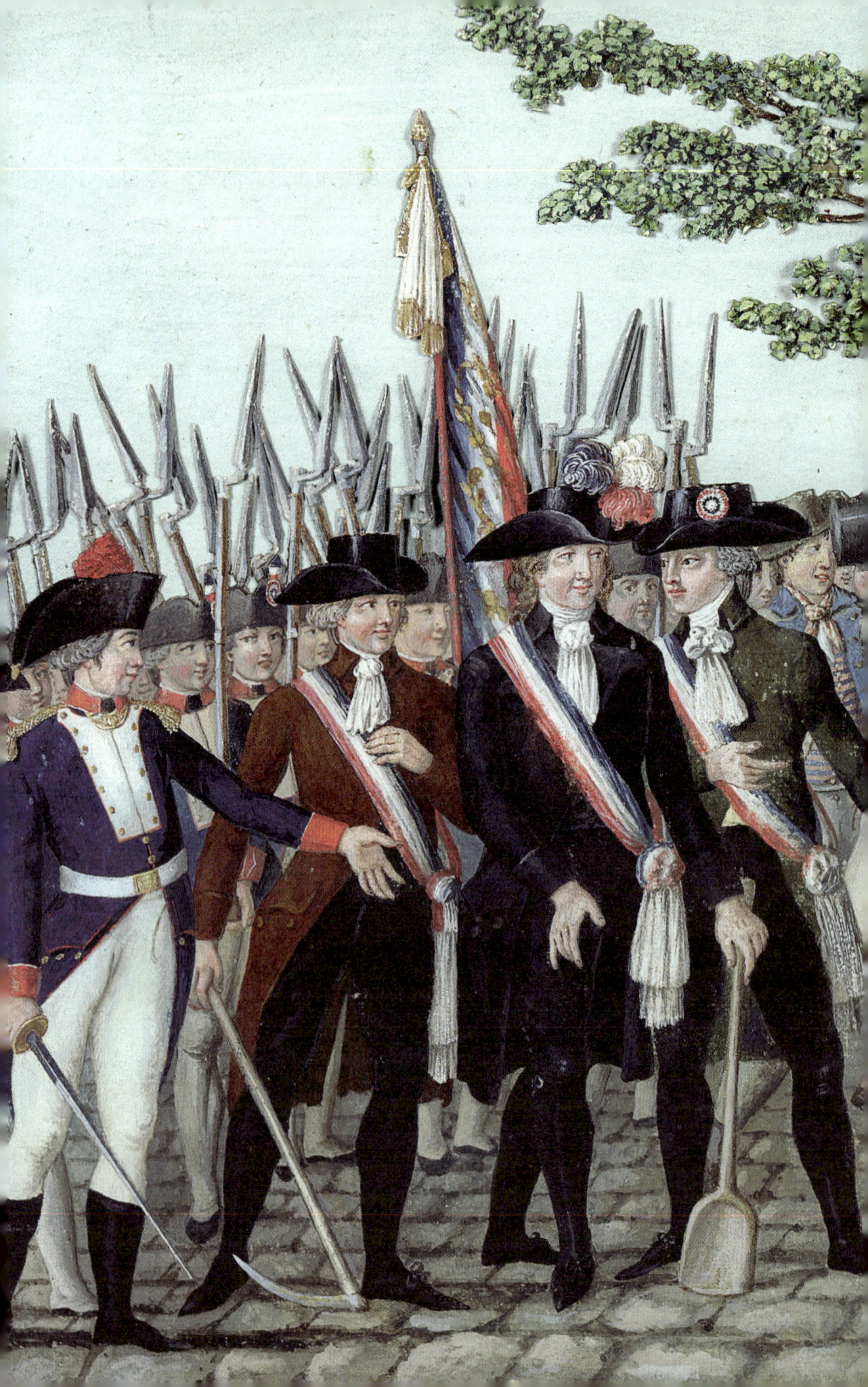

Dans l'enthousiasme de cette Liberté que l'on croyoit s'être donné, on imagina de planter des arbres pour en perpetuer la mémoire, ce qui se fit dans chaque section avec grand appareil. Les Gardes nationaux accompagnoient le Maire, et une Musique brillante rendoit cette fête interessante.

事件，以及承认政府机关在观点和目标上存在竞争关系的"相互制衡"体系，都只会让国家面临分裂的危险境地。

尽管国民议会向全国各地推广民主选举，并煞费苦心、事无巨细地依照个人可以同时兼任或不可以兼任的公职类别、任期和职责安排工作，却似乎从未考虑该如何调解这个制度中可能出现的冲突。搬到巴黎后不久，议会似乎就在几乎没有讨论过的情况下达成共识，认为妇女、穷人和其他边缘群体不能被赋予投票权，因为这种权利需要坚定的自主性，但他们似乎相信，由几百万有"坚定自主性"的男性组成的全国选民团体将自然而然地在任何问题上达成共识。

本质上，新的体制是一种行政愿景，而非政治愿景。它清理了此前一团乱麻的地区划分，将国土重新清晰地划分成大区、省和郡，各级地方政府、法庭甚至宗教职能部门都通过选举分配。但是这些措施都没有解决出现在图卢兹、蒙托邦、尼姆以及其他许多地方的激烈问题——如果人们已经开始动手争夺权力，应该如何处理。

1789年以前，农村和城市社群的现实生活给地方政治格局带来了多种网络和派别，有时只是家庭之间的松散联系，有时围绕着相互竞争的宗教兄弟会或互助会，有时存在于相互敌对的地方政治掮客的追随者之间，有时是将远近亲戚团结在一起的真正"氏族"。这种竞争关系引发的冲突既可能琐碎到仅仅事关当地活

一份当代简化版《人权和公民权宣言》，版面经过了修饰，由巴黎古戎音乐出版商发行。

DÉCLARATION
DES DROITS DE L'HOMME
ET DU CITOYEN,

Décrétés par l'Assemblée Nationale dans les Séances des 20, 21, 23, 24 et 26 août 1789, acceptés par le Roi.

PRÉAMBULE

Les représentans du peuple François, constitués en assemblée nationale, considérant que l'ignorance, l'oubli ou le mépris des droits de l'homme sont les seules causes des malheurs publics et de la corruption des gouvernemens, ont résolu d'exposer, dans une déclaration solemnelle, les droits naturels, inaliénables et sacrés de l'homme ; afin que cette déclaration, constamment présente à tous les membres du corps social, leur rappelle sans cesse leurs droits et leurs devoirs ; afin que les actes du pouvoir législatif et ceux du pouvoir exécutif, pouvant être à chaque instant comparés avec le but de toute institution politique, en soient plus respectés ; afin que les réclamations des citoyens, fondées desormais sur des principes simples et incontestables, tournent toujours au maintien de la constitution et du bonheur de tous.

En conséquence, l'assemblée nationale reconnoît et déclare, en présence et sous les auspices de l'Être suprême, les droits suivans de l'homme et du citoyen.

ARTICLE PREMIER.

Les hommes naissent et demeurent libres et égaux en droits; les distinctions sociales ne peuvent être fondées que sur l'utilité commune.

ART. II.

Le but de toute association politique est la conservation des droits naturels et imprescriptibles de l'homme; ces droits sont la liberté, la propriété, la sûreté, et la résistance à l'oppression.

ART. III.

Le principe de toute souveraineté réside essentiellement dans la nation ; nul corps, nul individu ne peut exercer d'autorité qui n'en émane expressément.

ART. IV.

La liberté consiste à pouvoir faire tout ce qui ne nuit pas à autrui. Ainsi, l'exercice des droits naturels de chaque homme, n'a de bornes que celles qui assurent aux autres membres de la société la jouissance de ces mêmes droits; ces bornes ne peuvent être déterminées que par la loi.

ART. V.

La loi n'a le droit de défendre que les actions nuisibles à la société. Tout ce qui n'est pas défendu par la loi ne peut être empêché, et nul ne peut être contraint à faire ce qu'elle n'ordonne pas.

ART. VI.

La loi est l'expression de la volonté générale; tous les citoyens ont droit de concourir personnellement, ou par leurs représentans, à sa formation; elle doit être la même pour tous, soit qu'elle protege, soit qu'elle punisse. Tous les citoyens étant égaux à ses yeux, sont également admissibles à toutes dignités, places et emplois publics, selon leur capacité et sans autres distinctions que celles de leurs vertus et de leurs talens.

ART. VII.

Nul homme ne peut être accusé, arrêté, ni détenu que dans les cas déterminés par la loi, et selon les formes qu'elle a prescrites. Ceux qui sollicitent, expédient, exécutent ou font exécuter des ordres arbitraires, doivent être punis; mais tout citoyen appelé ou saisi en vertu de la loi, doit obéir à l'instant; il se rend coupable par la résistance.

ART. VIII.

La loi ne doit établir que des peines strictement et évidemment nécessaires, et nul ne peut être puni qu'en vertu d'une loi établie et promulguée antérieurement au délit, et légalement appliquée.

ART. IX.

Tout homme étant présumé innocent jusqu'à ce qu'il ait été déclaré coupable, s'il est jugé indispensable de l'arrêter, toute rigueur qui ne seroit pas nécessaire pour s'assurer de sa personne doit être sévèrement réprimée par la loi.

ART. X.

Nul ne doit être inquiété pour ses opinions, mêmes religieuses, pourvu que leur manifestation ne trouble pas l'ordre public établi par la loi.

ART. XI.

La libre communication des pensées et des opinions est un des droits les plus précieux de l'homme: tout citoyen peut donc parler, écrire, imprimer librement; sauf à répondre de l'abus de cette liberté dans les cas déterminés par la loi.

ART. XII.

La garantie des droits de l'homme et du citoyen nécessite une force publique: cette force est donc instituée pour l'avantage de tous, et non pour l'utilité particulière de ceux à qui elle est confiée.

ART. XIII.

Pour l'entretien de la force publique, et pour les dépenses d'administration, une contribution commune est indispensable: elle doit être également répartie entre tous les citoyens, en raison de leurs facultés.

ART. XIV.

Les citoyens ont le droit de constater par eux-mêmes ou par leurs représentans, la nécessité de la contribution publique, de la consentir librement, d'en suivre l'emploi, et d'en déterminer la quotité, l'assiette, le recouvrement et la durée.

ART. XV.

La société a le droit de demander compte à tout agent public de son administration.

ART. XVI.

Toute société, dans laquelle la garantie des droits n'est pas assurée, ni la séparation des pouvoirs déterminée, n'a point de constitution.

ART. XVII.

Les propriétés étant un droit inviolable et sacré, nul ne peut en être privé, si ce n'est lorsque la nécessité publique, légalement constatée, l'exige évidemment, et sous la condition d'une juste et préalable indemnité.

Se vend à Paris, chez Gouzon, marchand de musique, grand'cour du Palais-royal où se trouve le Tableau de la Constitution faisant pendant à celui-ci.

失败与背叛

动中的优先顺序，也可能严重到操纵纳税义务和诉讼案件，甚至演变成大规模的血腥复仇。所有这一切，以及它们会不可避免地延续到影响谁能够在新的革命秩序中掌权的问题，在法国盲目的制宪者眼中都是不存在的。

他们的失败在于未能认清当地政治的真实面目，例如他们自作聪明地故意忽视了新的行政区划本身就源自新上任的地方领导（及其失望的竞争对手）那持续数月的、激烈而又高度利己主义的游说这一事实，这也影响了他们对以后实际会出现的异议的笼统判断。在国民议会的构想里，数百万人开始正当地阻止革命推进，这种假设完全没有立足之地。从某种意义上说，忠于国家的观念轻而易举地取代了忠于国王的观念，成了对行为端正的隐性担保，就好像把法国推向革命道路的并不是数十年来一直互相争斗的国王忠实的臣民们似的。

* * *

随着大革命一周年渐渐临近，分歧持续加剧。国民议会继续推进废除什一税的进程，特别是1789年晚些时候，议会决定将所有教会财产和土地在实质上收归国有，并基于其价值发行指券，以缓解国家的债务危机。情理之中，宗教冲突随之激化了。被剥夺了独立资源的教会收到通知，其原本的等级制度将同化于国家通用制度，教会也将被用于公共服务，其结构也将得到精简：1790年2月，除了面向教育和医疗的部分，修道院相关制度均遭到废除。

1790年，清点并出售已经显得多余的修道院建筑，这一理性而冷漠的举动引发了5月发生于蒙托邦的暴乱，同年7月颁布的《神职人员民事组织法案》同样合乎逻辑但丝毫不近人情。它废除了超过三分之一的主教辖区以及相当数量的教区，并将它们强行调整到新界定的民事辖区中。几个月来，国王一直拒绝签署这一法令，并要求与教皇协商，这进一步加剧了局势的紧张程度。

有些乡村社群几个月前才刚刚获得自治权，有的甚至几周前才刚刚选出了自己的地方长官和其他官员。关于新法案的消息进一步让这些民众意识到，首都的政治家对他们的生活一无所知。许多村庄已经开始记录并保留新的行政日志，居民们清楚地意识到自己正为新的政治形态做出积极贡献，正发出需要被人听到的声音。例如，1790年3月，新设立的洛特-加龙省的圣帕斯图尔村委会得知司法机构的改组计划时，对即决法庭和公路警察制度被废除表示"悲痛和惊讶"，因为这将使他们的村庄重新暴露在"恶徒、流浪汉和暗杀者"的威胁之下。地方长官被委任召开会议，讨论可行对策。当然，最后的结论是，他们无计可施。[18]

次年，在接连不断的对新行政职位的选举中，公民参与率直线下降，从最初许多地区的绝大多数男性户主都会参与，降到只有"积极公民"群体的五分之一参与，甚至更少。很快，这样的情况频繁出现：只有那些能从选举中发掘个人利益的人，比如某些公职人员的副手，或是能在选举结果中捞取某些既得利益的人，才有兴趣参与冗长的投票过程。行政日志中曾经满是刚刚获得自

失败与背叛　73

治区的村庄发出的富有活力的声音，但在后来几年里逐渐减少，变成枯燥的行政记录。人们越来越安于现状，行政记录里满是千篇一律的说辞。

造成这种幻灭的原因是农民的经济状况持续受到损害。1790年3月中旬，国民议会重申封建杂税需要赎买，并收紧了政策，没有对承受这些负担的人表现出丝毫同情。每个需要缴税的农民都必须以个人身份赎买税项，禁止参加社群组织或私下签订任何协议。他们要么一次性打包赎买各个税项（国民议会完全没有考虑这样做的实际成本），要么干脆就别赎买。同时，任何在1789年的事件之后难以出示原始文件以证明其享有权利的封建领主，都被允许使用其他任何能证明自己行使过该权利的证据提出有效申诉。

上述政策与农民观念冲突的程度，在领主们频繁写给国民议会的陈情书中一目了然。在国民议会做出这些决定两周后，布兰西翁伯爵在洛林写信，信中提到了鲁瓦奥梅村的反抗。这里的居民"坚信，国民议会的意思是，他们不需要支付任何租金或封建杂税，甚至不需要支付1789年欠下的那部分，而且他们在任何时候、任何地方都有射杀曾属于领主的所有种类的鸽子的权利"。当然，最后这条其实完全正确，但伯爵哀叹道，一个当地人"在我的姐妹和侄子们眼前"擅自猎杀了布兰西翁伯爵的鸟，并声称这是他的权利。"这个人为市政府工作。"伯爵补充道。[19]

双方互不相让的情况不断升级。5月3日，国民议会再次重申赎买政策并非误传，还补充了最终的确认，说赎买现金税项的话应该支付年税的二十倍,而赎买实物税项则应该支付年税的二十五倍,并且都需要用现金。一些偶发费用,比如土地转让产生的费用,也都有相应的赎买比例。所有没能赎买的税项都会被再次宣布为永久债务,并能够凭法律强制执行。法律中没有任何条款能强迫领主接受赎买,因此可以想见,如果他不接受,农民身上一度得以卸除的缴税负担就还将和以前一样,永远背负下去。

在许多农民看来,新政权似乎还打算永远维持旧秩序中其他的压迫政策。上索恩省的马尔内村当局在1790年4月写给国民议会的信语气近乎质疑,因为一名村民在以前特权阶级私有的池塘里捕鱼,遭到当地法官罚款:"关于财产权的相关法律已经失效,尽管如此,法官仍判处他赔偿六个里弗尔以及诉讼费。所有这些都显而易见地证明,这位法官认为这个池塘仍然属于前领主。"[20]

在法国中部的克勒兹省,一份递交给国民议会的陈情书哀叹道,国民议会3月的法令允许贵族"重拾他们的旧烦恼"。同年6月,来自西南部洛特省的一封陈情书写道,领主们处心积虑,趁着粮食的现货价格处于顶峰时要求农民用实物支付欠款。[21]面对这种对1789年农民革命的令人震惊的否定,一些社群表现出震惊且难以接受也不足为奇。法国各地采取的抵制策略差别很大,有些村庄顽强抵抗,而其他一些则以法律手段正式发起挑战。比如在遥远南部的科比耶尔地区,一百二十九个自治市中有六十九个拿起了法律武器。

还有一些村庄进入了争论各种细节的琐碎进程,他们一方面要求以现金代替实物支付欠款，另一方面又威胁说拒绝把实物"税费"转移到领主的谷仓。实际的赎买情况收效甚微，在科比耶尔地区的一百二十九座村庄中，只有一座选择赎买，它的领主收到了一万一千五百五十五里弗尔，而这个数目相较于原本苛捐杂税的总额而言简直微不足道。从另一角度来说，拒绝付款是普遍现象，这几乎让整个农村社会的行动都与革命当局认为他们应该做的事情相冲突。

独立村庄间各种纠纷的复杂和苦涩再次在领主的抱怨中显现出来。1790年7月初，图卢兹西南约三十千米的热尔省加拉韦村的领主写了一封信，信中内容显然是在表达对自己生命受到威胁的担心。6月20日，当地官员向全村宣布，他接收了一项法令，"禁止村庄支付任何费用，并授权其征用公共土地"。一周后，这位领主的农场就遭到入侵，他的围栏被拆毁，作物也被偷了。他写道：

> 自从这件事以来，他们中的一些人威胁我说，他们想买火药炸掉我的房子。无论白天黑夜，我都被禁止出现在加拉韦，我的仆人们不得收割我的庄稼，在老地方打谷也不行。教士不能见我，我也不能跟他待在一起。所有人都被禁止支付给我任何费用，或在我的磨坊磨他们自己的谷物。违抗者会被处死。[22]

他受到了直接的暴力威胁，而一周后，当地官员承认实际上他宣布的那项法令是伪造的，这让情况更加恶化了。教士宣读了国民议会关于这个问题发布的真正法令，农民们"大多答复说，他们不需要这种权威的认可，他们自己就是主人。因此，我的田地里到处都是他们的牲口"。

在复杂且充满不确定性的革命氛围中，书面消息和口头谣言往往难以区分，对此，农民们普遍的策略是，简单地认定他们希望发生的事情就是真的，就像1789年初"王室下令可以掠夺领主资产"的事件一样。多尔多涅省莱吉拉克德洛克郡的某个小村庄的市政秘书西凯尔·利纳德，因颁布禁止佃农向地主支付地租的虚假法令，而在1790年夏天被告发到上级机关。在加拉韦，暴力威胁同样很常见。在多尔多涅省的另一座村庄，地方议会的一名法律官员和国民警卫队的一名战鼓鼓手遭到谴责，因为他们煽动群众拒绝交税，并威胁"会用手枪射杀第一个前来索要税款的包税人或官员"。[23]最后，这两个人都被关进了监狱。

在这种持续不断的骚动中，又因为在这个春天的宗教暴力事件达到顶峰，在尼姆大屠杀发生短短几天之后，国民议会就做出了反革命者在过去一年里一直担心的事情：他们正式废除了贵族阶级本身，废止了使用贵族头衔、展示家族纹章等一切公开体现社会阶级的方式。领导革命的知识分子和有产阶级仍然在他们的头脑中对旧制度（这个说法越发普遍了）的社会和文化表象同支撑它的经济结构做出清晰的区分。对农民，即旧制度的受害者来说，这就像是一边试图摧毁它，一边又把它能造成的最坏影响维持下来。

国家政府和巴黎地方政府决定在1790年7月14日联合组织一

场联盟节庆典，包括在首都进行阅兵式和宣誓仪式。不出所料，农村人民对此反应十分冷淡。不过活动还是让成千上万人参与进来，其中包括数以万计的省级国民警卫队队员。参加活动的游客主要来自富有的城市阶层，他们有能力让自己在巴黎激情高涨的人潮中享受一个颇具政治意味的假期。

较大的郡或城市可以花足够多的时间和资源来建立彼此互为平行关系的附属"联盟"，并把整场庆典看作民族团结的体现，但许多村庄没这样做，甚至没这么认为。最多只有一半村庄以最低

联盟节的壮观场面。尽管这个节日没有被农村人民接纳，但让巴黎市民和全国的中产阶级大为兴奋。当代艺术家皮埃尔-安托万·德马奇绘（卡纳瓦雷博物馆藏）。

限度参与了这个活动,毕竟所有地方国民警卫队都必须正式宣誓效忠。但另一半村庄无动于衷,或许是因为对此漠不关心,也可能是因为他们对革命实际结果的焦虑和敌意日益加深。

7月14日的庆祝活动刚刚过去一个月,就有超过两万五千名国民警卫队士兵和相关人员在尼姆以北约五十千米的阿尔代什省的雅莱斯城堡集结起来。尽管得到了当地部门授权,但这本质上还是一场宗教派系集会。在场所有人都是热忱的天主教徒,他们对最近几个月发生的事件表示抗议,并要求释放被监禁的教友。他们进一步提出的清洗该地区地方政府内部新教徒的要求也得到推

崇，不过身为当地知名人士的领导者遏制了要求立即对此采取军事行动的民众的呼声。

这次集会将当地农民和城镇居民聚集起来，组成一个半秘密的社会网络，而当地政府则在国民议会的敦促下不甚认真地试图破坏它。两个月后，"忠诚的法国人，为了他们的宗教和君主制……武装起来，反抗以国民议会为名的篡权者"，这一宣言被广泛传播，而这标志着地方当局的失败。这句宣言只是一个开始，后面还有一连串类似的煽动性呼吁，要求群众奋起反抗那些被称为叛国者的革命领袖。[24]

封建制度和宗教问题带来的负担持续困扰着乡村地区，这些问题人们在1789年的陈情书中就已经抨击过，而到1790年底，农民反映的第三个关键问题故态复萌：在国家税收问题上，冲突再次爆发了。在过去两年的大部分时间里，那些拥有土地或是在土地上劳作的人基本忽视了他们仍旧背负的债务，他们被财政合理化的意外后果刺痛了。间接税，即货物流通时产生的税金被废除，这在国家资产负债表上留下了一个巨大的漏洞。

在没有任何有效手段能清点城市财产或投资财富的情况下，国民议会推行了实际上有许多农民在陈情书中强烈要求的措施：针对所有登记过的农业用地，只征收一项税。但是，这种统计的准确程度变数很大，而且对土地质量和生产力做出的假设也存在相当大的出入。如果1789年初农民期望得到的是一个能减轻他们身上不公平负担的税收制度，他们会大失所望。

文件记录反复无常，有些地方的进展反而更显顺利。比如在比利牛斯山脉中地势较高的阿列日省，用新方法评估后，当地居民的应缴税额与巴黎附近的塞纳-马恩省那些贫富程度相近的农民承担的相比，几乎只有其百分之二十。但是省级特权的取消也让全部地区突然遭受了之前从未料想到的税收打击。由于先前的豁免政策全部作废，布列塔尼地区的税收负担确确实实地翻了一倍。类似情况也出现在法国境内其他一些地区，但出现的原因几乎没有任何逻辑性。少数较为幸运的地区，比如克莱蒙费朗附近的多姆山省就没有出现税额大幅上涨的情况，但也没有预期中的下降。在诺尔省里尔附近的地区，税收的平均估值只增长了六分之一，但结果是，即使布列塔尼人的负担增加了一倍，诺尔省居民缴纳的税费还是比他们多，或者更确切地说，至少理论上如此。

对待新税制，各地方仍然保持拒绝缴纳的态度。施行的第一年，只有不到一半的应缴税款被征收上来，而接下来几年里的情况比这糟糕得多。早期相对成功的部分原因可能是收缴方法对当地群体造成了冲击。地方政府仍普遍将收税权作为盈利机会，加以拍卖，这当然会立即将现金投入公共金库，从而提高第一年的收缴率，但这种方式让人回想起旧制度时期的包税制，并引发了实际纳税人的进一步抵制。

从1790年下半年开始，一些城市的权力机构采取了毫不妥协的政策，他们集结国民警卫队，对村庄发动突袭，以勒索村民付款。这唤起了民众对大革命以前税务机构做出的最残暴行径的可怕回忆,而一年多之前,税务机构正是农民身上遭到严厉谴责的沉重赋税负担的核心。在南部的卡尔卡松附近,一名乡村教士在信中哀叹道,那些本是"宪法最真挚的朋友"的村庄正遭受"仿佛处于敌人的土地上"的民兵攻击。他表示,他是在替自己的村庄写信,因为地方长官本人已经被监禁了。[25]

1970年结束之前,又有两起让农民希望破碎的事件发生。第一起是推进出售没收来的教堂土地(所占比例超过全部农田的二十分之一)的进程,这是为了补偿失去职务的王室官员。国民议会发行了超过八亿里弗尔的指券作为补偿(这也导致国家债务几乎翻番)。正如总体计划中那样,许多得到这笔飞来横财的人将它用于那些恰好刚刚投入市场的投资级别农业用地上(在国民议会的美好设想中,这样就能抵销发行指券造成的那部分国债)。

这些"国家财产"以拍卖形式被大块出售,使富人越发富有,而农村群体对此束手无策,只能眼睁睁看着他们最好的田地在一个又一个外乡地主间易手。例如,在曼恩—卢瓦尔省的绍莱市,超过百分之五十六的教会土地被出售给了资产阶级,而卖给劳动农民的只有不到百分之十。[26]这个地区和临近的其他西部中心地区,普遍对大革命的结果产生了越发高涨的不满情绪。

雪上加霜的是,国民议会在年末的另一法案中再次表现出其经济逻辑中的偏颇之处。该法案宣布,持有有效租赁契约的土地持有者有权从租户那里获得额外收入,而这笔款项原本应该在他们的土地上以什一税的形式支付。在南部,原本以每小块土地为单位征收的地税也做此处理。这一法案的依据是，土地所有者现在成了义务纳税人，国家有权向其征收此前由租户直接支付的税金。当然，实际情况是，这一政策只是租户的新负担，他们也因此失去了制度改革带来的名义上的收入。

这一切都发生在地主随意提高了地租这一备受谴责的事实上。地主声称免除税金和杂费让农民有了更强的支付能力。总的来说，在当时的经济体制下，许多农民既持有土地又租赁土地、既缴税又付地租，同时，革命后的地主阶级与旧制度时期的封建领主几乎是同一批人。在"封建制度被废除"后的十八个月里，关于大革命究竟为农民带来了什么这个问题，仍然没有让人安心的明确答案。

******

堕入灾难

1791年最初几周，大革命的内部冲突又一次急剧升级了。教士们一直拒绝接受《神职人员民事组织法案》，这让国民议会深深怀疑这些人可能具有反革命倾向，感到愤怒且困惑。因此，国民议会勒令所有神职人员必须在礼拜日的活动开始前向公众宣誓自己的忠诚。如果不这样做，就等于默认自己的公职被剥夺。

天主教的领导阶层仍在等待教皇的谕旨，而且他们知道，这部法案让国王的良心饱受煎熬。这是一个决定性的时刻。几乎所有法国主教都拒绝宣誓，整个教会高层团结一致，坚决反抗革命秩序。全国范围内，近半数教士同样拒绝宣誓，其中有些人直截了当地表达了愤怒和蔑视，有些人略带歉意，还有些人试图用修改过的"誓词"代替，以在信仰和世俗世界的冲突中减轻自己的愧疚。突然之间，数以万计的神职人员成了新秩序的反对者，成千上万个教区彻底瓦解了。

拒绝宣誓者（或称"拒绝效忠"者、抵抗者）组成了独特的地理格局。每个地区都有一些人在这个问题上两边摇摆。从波尔多到第戎，从阿登到迪耶普，也就是这个国家中心地区的一大片四边形区域内，总体有超过半数的教士宣誓，与阿尔卑斯山脉相连的地区以及法国西南部一些零星的地区也是这样的情况。而在其他地区，比如罗讷河谷上、下及其与西部高地之间的地区，莱茵河西岸，北部边境省份，尤其是在诺曼底西部、布列塔尼和卢瓦尔河谷下游地区的十几个省，大多数教士保持抵抗态度。还有一些地区，如东部的摩泽尔河流域和西部的旺代省，则有四分之

一幅1790年的讽刺画,描绘了教士和僧侣被迫撤离已经多余的宗教建筑的景象。他们带走了本不该拥有的各种世俗物品。

三的教士拒绝宣誓。

　　教徒对这种行为的反应颇为多样。在巴黎,当地教士几乎势均力敌地分成两派,翻来覆去的谣言让民众保持高度警惕,带有煽动性的媒体很快就将抵抗派教士及其支持者打成反革命分子。在其他城镇甚至一些村庄里,任何拒绝宣誓效忠的教士都面临着同样的风险:全国各地都有消息称,在礼拜仪式结束后,甚至在礼拜仪式上,有拒绝宣誓的教士遭到人身攻击的事件发生。

　　一些社群向当局告发了他们当地拒绝效忠的人,并用长长的清单列举了那些人以前的种种劣迹,这样一来,对革命的忠诚度和地方仇怨之间的界限就变得模糊不清。另一方面，一些拒绝效忠者带着歉意选择暂时休息，这完全出于他们的个人良知，而爱国者团体也会为他们的悄然离去感到遗憾。而如果某地的教士自豪地完成了宣誓，他们的城镇和村庄有时会举办公民庆典、国民警卫队游行和宴会来纪念这一时刻。但是，通常情况下，只要政府、农民团体和神职人员没有明确站在革命秩序那一边，冲突就会发生。

其中一些冲突在1790年11月就爆发了，那时要求宣誓的法令首次下达到全国范围。从加莱海峡省到尼姆等地都发生了程度较轻的骚乱，而卢瓦尔河下游一带则发生了持续几个星期的更大规模的暴动。布列塔尼南部各地的市民多次将该法令的副本退回上级机关，拒绝承认其合法性。具有省会地位的瓦讷似乎还有一小段时间处于被抗议农民围困的威胁之中。在这个地区，某个神职人员想要真正宣誓相当困难——一名四十岁的布列塔尼教士向政府哀叹，自己教区的居民在他试图宣誓时向他投掷石块。在旺代，一名试图宣誓的教士遭到了枪杀。

西部乡村正成为反革命情绪的"温床"，但宣誓也加速了其他地方敌对情绪的恶化。在阿尔萨斯，宣誓者遭到人群辱骂，而在南部的洛泽尔，据说有女性帮派持刀将宣誓者赶出教区。一些拒绝宣誓的神职人员写信给当局，解释自己是因为害怕遭受这种对待才拒绝的。一个来自位于洛泽尔北部的上卢瓦尔省的人写道，宣誓者被谴责为"叛徒、卖国贼和僭越者"，是妄图改变人民宗教信仰的阴谋的参与者。[27]

法国全境没有哪里能完全免于陷入类似困境。在阿列日省的比利牛斯山谷，萨韦尔丹郡流传着"那些出席了宣誓教士主持的礼拜仪式的人，会被刺穿舌头、在额头烙上印记并且剃掉头发"的说法，整个郡因此陷入分裂。在附近的布博讷山谷一带发生了一场短暂的暴动，起因是"宣誓教士的信众只是一群乌合之众，而教士本人在宣布自己进入斋戒之前就已经打破了戒律，喝得酩酊大醉"。在当地另一座叫叙克的村庄，一名拒绝宣誓的教士的兄弟领导了一场起义，试图迫使当局妥协，继续留用该教士。[28]

这些言论和行为反映了个人物质利益、虔诚的精神信仰（如果也和个人利益相符的话）以及保卫宗教团体的信念（必要时可以动用武力），这三者之间复杂的矛盾。然而，在政治阶层的头脑里（他们自认为是开明进步的忠实拥趸，充满团结一致的爱国热情）形成的总体印象则是，一种宗教"狂热"渗透到了农村人民内部，这对革命构成了严重威胁。城市居民对乡村那种持续数代人的歧视，让他们很容易产生一种相反的观念，即问题根源是无知、被动的农民受狡猾的教士欺骗而误入歧途。

尽管事实上大部分乡村人口仍然真挚地相信他们在1789年取得了胜利，并且相较于回归旧制度，他们也更愿意继续对新秩序怀有期待，但国民议会的制宪愿景与农村群体的自治制度之间的冲突也不断加剧，因为其他群体的普通民众心中为了自由与反革命不懈斗争的信念越来越坚定了。

1791年最初几个月里，诸多因素导致城市居民非常焦虑。因为革命领导者一再试图让法国人摆脱他们坚定的观点，即认为粮食自由市场会使剥削性投机成为可能，基本食品的供应一直存在问题。失业正成为城市的灾难，因为大多数人的收入都依赖于精英阶层的消费习惯。贵族精英在没有真正流亡时也会缩减开支，家庭仆从和假发匠是最明显的牺牲品。整个工匠阶层，从金匠到马具匠，从橱柜匠到玻璃匠，从裁缝到丝绸织工，他们作为城市消费经济的核心，正经历着需求锐减和随之而来的预算紧缩，这更加剧了焦虑。对每一个社会阶层而言，"意外后果"这一概念都十分陌生，人们强烈倾向于直接指责造成后果的行为本身。

将所有这些都归咎于蓄意操纵、破坏的政治倾向，因指券价值每天都波动得非常明显而加剧了。在过去一年里，这些指券越来越多地进入流通，可革命者们的初衷是想让它们成为越来越稀少的硬通货的替代品，而实际结果已经背道而驰。大量囤积金币和银币，这是一种不难预见的谨慎经济策略，却立即被解读为反革命阴谋。此外，由于税收不足，政府只能印发更多指券来填补财政缺口。

到1791年，尽管这种纸币原始面值很高，却已经成了由地方当局以各种临时替代品形式发行的、用于支付未来利息的低值代币，在各个阶级间流通，成为日常交易的一部分。无法避免，与此相伴而来的是越来越多的假币，而假币的每一次暴露都加深了人们对反革命会破坏社会安定的恐惧。纸币的不可靠同样不可避免地导致了相较于纸币而言硬通货的升值。除非以面值的百分之八十、百分之八十五或百分之九十计算，否则商人拒绝客户用指券购买商品。

从巴黎的股票交易市场到当地街头巷尾，投机性质的"货币商人"逐渐形成一种完整的生态链，用稀缺的硬币引诱焦虑的纸币持有者。如果没有置身于一种大革命时期这般偏执、多疑的社会风气之中的话，哪怕在政府似乎毫无意愿干预的情况下，如此猖獗的欺诈和剥削也是很容易被看破的。

* * *

这种认为每条新闻背后都潜藏着一个反革命贵族的多疑氛围，无论是在地方层面还是在国家层面，表达形式都变得更加组织化。1789年夏天，部分激进的国民议会代表组成了"布列塔尼俱乐部"，同年年底，俱乐部改组成"宪法之友社"，向非议会代表开放，并开始定期在巴黎杜伊勒里宫附近一座之前为修道院所用的建筑里开会。很快，这个组织从被驱逐的教士那儿得到了一个绰号——雅各宾俱乐部。

在接下来的十八个月里，各省的城市和郡涌现出几百个模仿雅各宾俱乐部的团体。受尊敬的专业人士和有产阶级组成了新的社会网络，对大革命的进程和威胁革命的敌人十分关注且感到焦虑。对这样的"雅各宾派"来说，他们的社交网络和宪法结构所计划的文化统一之间并不冲突，他们不是一个个分裂的"派系"，而不过是一群团结一致,为了国家利益站出来的爱国者。

当然,对他们的敌人来说(到1790年,他们的敌人包括国民议会中的大多数贵族和神职人员),雅各宾派根本就是一个煽动公众引发骚乱的独立派系,他们在危险且不受控制的非官方组织中辩论国家事务,并提出制定针对教会和国王的侵略性政策的要求。1790年中期,当一个更激进的俱乐部——科德利埃俱乐部在巴黎左岸的另一座前修道院建筑中成立时,反对者的这种看法更深了。和雅各宾俱乐部一样,科德利埃俱乐部召开了公开会议,吸引了大量热忱的男女听众,而和雅各宾俱乐部不同的是,它的会费是一部分劳动人民也能付得起的。

雅各宾俱乐部会员证。

到1790年底,科德利埃俱乐部的激进分子更进一步,在城市各地建立了各种明确不限制会员性别、在下层阶级招募会员的俱乐部,并致力于给予会员们爱国主义政治"教育"。数百名会员很快用行动证明这些教育其实多此一举,他们对贵族阴谋的仇恨和对官方那种搪塞说辞的愤慨迅速超出了科德利埃俱乐部里一些激进分子心中合适的程度。在经济冲突和不确定性不断加剧、流亡贵族的人数持续增长的背景下,长达数月的政治局势动荡使首都民众的政治活动呈现出几乎永不停歇的狂热氛围。

1789年的事件已经证明了号召一群愤怒的群众有多么容易。

堕入灾难　93

从那个夏天起，城市的公共场所似乎永远有人在议论，其中上百人每天负责讨论最新消息和流言，还有上千人负责将他们讨论的内容以更快的速度传播出去。所有这些讨论都留有一道危险的暴力边缘，清晰的讨论、愤怒的抗议和动用私刑的暴乱之间的边界模糊不清，有时甚至一瞬间就会被完全打破。被怀疑是间谍、强盗和阴谋家的人在街头被处死，这样的事在1790年发生过数次。1791年春天，对已宣誓的教士所承受后果持反抗态度的修女在公共场合遭到鞭打，新闻媒体幸灾乐祸地报道了她们那"违反宪法的臀部"遭受的痛苦。[29]

新闻媒体是新政治文化中的另一个层面，已经爆发出生命力。在大革命的危机之前，法国作家一直生活在严格的审查制度中，所以许多人偷偷非法出版刊物，以规避审查。既然已经非法，其中很多人干脆无视任何限制，贩售精英阶层的情色流言和关于腐败市井生活的低俗内容。1789年，审查制度取消后，这种毫不妥协的态度受到无法遏制的欢迎，那些想要成立受人尊敬的政治媒体的人发现，自己正身处一场横跨整个政治光谱的持续竞争中，对手是只要能卖得出去就什么内容都敢写的媒体。

1789—1791年，数百家报纸媒体诞生了，尽管其中多数在几周或几个月后就关张了。这些报纸的口吻、内容和受众之间没有直接关联。作为极右翼分子，《使徒行传》（*Acts of the Apostles*）时常极辛辣地抨击大革命领导层，但对缺乏认知的读者来说，文章用暗喻和引经据典的手法掩盖了这种侮辱。为了那些被认定为

"没受过教育"的受众，无论是左翼还是右翼的新闻作者都会借用流行舞台剧中那些口无遮拦、满嘴脏话的角色之口，传递自己的信息。

一些媒体人会为了更高的目标奋斗，《农村报》(*Feuille Villageoise*)花了数年时间，出版了一本关于农业进步和公民参与的百科全书式指南，但读者主要是爱国的神职人员和其他知名人士，而不是它原本的目标群体劳动农民。在首都的激进煽动者中，最受欢迎的作者是像让-保尔·马拉这样的人，因为他在《人民之友报》上从不居高临下地跟读者说话，反而常常斥责当权者为隐藏的反革命分子，并在当局的法律攻击下高声呼喊，为拯救人民而要求他们下台。

新闻业的狂热活力构成了巴黎炽热氛围的独特部分，它自身也通过订阅渠道在全国范围内传播。雅各宾俱乐部成员尤其热衷于最新情报，他们细致地阅读、分析、讨论其隐藏含义，并通过相关决议将得出的结论传播到他们自己的区域（逐渐国家化）网络中。地方有关贵族恶劣行径的新闻几乎都可以被汇总进国家叙事法则中，而从全国各地源源不断传入巴黎雅各宾派耳中的此类报道，让他们再次确信了自己体会到的迫在眉睫的危机感，并明确了自身肩负的颇为紧迫的任务。

到1791年初夏，雅各宾派的任务尽管经历了重重危机，却已经初见成果了。国民议会在近两年的艰苦努力中，重塑了法国的公共生活，不仅制定了宪法，还进一步制定了全国统一的刑法与

eh bien, J...F..., dira-tu encore vive la Nobleſſe?

民法，重新明确了兵役、司法以及其他从贫困救济到林业管理等诸多方面的相关概念。

这一切都是在少数右翼势力不留情面的批评与左翼势力越发猛烈的抨击中完成的，因为他们不愿意正面对抗自己眼中的地方性反革命颠覆势力。不过随着夏至临近，议会为准备新选举颁布了法令，为这个已经完全进入君主立宪制的国家建立新的立法议会，并将国家机器投入最终的运作体系。之后，1791年6月21日早晨，一觉醒来的巴黎人发现，那个原本应该是这个国家宪法权力基石的人，他们的国王，已经携全家逃亡了。

一幅具有讽刺意味的版画，描绘了一个颠倒的世界。画上身负武器的女骑手侮辱性地问她的"坐骑"："现在你还会说'贵族万岁'吗？"

6

★ ★ ★ ★ ★ ★

叛国

路易十六和玛丽·安托瓦内特计划逃跑已有数月了。他们表面上对自己在巴黎受到的监禁无甚不满，但从来没有停止把自己当作囚犯。国王不时陷入极度沮丧的状态，停止一切活动，但王后一直私自与外交人员和流亡贵族保持着频繁的交流。早在1791年2月，她就在信件中以一种陈述事实的语调，向外部分享了国王夫妇重建政府、恢复教会、重新唤起法国民众忠诚的计划，前提条件是他们能脱离这座城市，毕竟这里承载了他们对自身苦难的所有怨恨。

在一大群民众阻止他们在4月前往圣克卢宫，远离公众视野，度过复活节（这样，他们就很可能借此机会避免从一位进行过宪法宣誓的教士手中公开接过圣餐）之后，国王夫妇出逃的计划就无比明确了。王后的通信者之一，很可能还是她的情人，风度翩翩的瑞典骑士阿克塞尔·冯·菲尔逊是这次逃亡的幕后策划者。他亲自雇了一辆六驾篷盖马车，带着国王夫妇和他们的子女，随着车轮隆隆的响声缓慢地驶向城市以东，穿过乡村，大致上向边境要塞梅斯的方向逃去。

他们的目的很可能不是逃到国外，而是前往贵族军官治下的军营寻求庇护，并尝试依靠人民坚定的忠君思想重新掌控大权。但他们震惊地发现，巴黎以外的情况并不像他们曾天真地预想的那样。他们尝试伪装身份以图迅速抵达，但很快就被看破，并在名为瓦雷纳的小镇遭到当地官员拦截。官员们封锁了主要道路上的桥梁，并召集城乡居民一起防范任何潜在的反革命势力来抢走

叛国 101

国王。镇议会的法律官员让-巴蒂斯特·索斯是一名大字不识几个的食品杂货商，他在自己家中举办了盛大的聚会。聚会上一名前法官下跪向国王致敬，索斯年迈的母亲因为意识到自己见到了国王而泣不成声。

国王不再伪装了，宣布："是的，我就是你们的王。我来这里同你们——我忠诚的孩子们一起生活，我永远不会抛弃你们。"他令人震惊地拥抱了每一名议员，然后请他们帮他继续踏上逃亡之旅。他们一阵目眩神迷，同意了国王的请求，但很快改变了主意。他们回来告诉国王，他不能继续通行，"他被自己的人民敬仰……但他的住处应该是巴黎……宪法需要他回归"。当地有传言说，老

一幅尖酸的讽刺画，将逃跑的国王描绘成猪："我为了喂肥它受尽了苦，现在我不知道该拿它如何是好了。"

樵夫热拉代尔在面对王室的抗议时说得非常直白："陛下，我们不确定是否能信任您。"[30]6月22日黎明时分，成千上万的法国人手持从步枪到干草叉等各式武器聚集在一起，这清楚表明，尽管他们对国王个人没有任何敌意，但绝不会让他通行。

当瓦雷纳居民自发决定，国王不能随心所欲地继续他无辜的乡村之旅时，巴黎的国民议会正慌乱地设法找到一套能让议会重掌局面的逻辑。这显然是一场反革命阴谋，但主使是谁呢？激进分子已经开始高声谈论拉法耶特侯爵和他的国民警卫队没能守好王宫的事。议员们知道他们必须下令拘押国王，否则他们的君主立宪制国家就将分崩离析，堕入血与火之中。

他们在发现国王逃跑后几乎立刻就宣称路易十六是被绑架的，他们需要去营救。他们这样做了，完全无视了国王留在杜伊勒里宫的声明。这份声明中，国王宣布废除所有此前他被迫默许的革命行动，并且否定了1789年6月来的一系列事件。但议会还有一种选择，就是向国王宣战，尽管他一直被坚定地看作革命抗争的基石和人民为之奋斗的顶点。

国王身在瓦雷纳的消息传到巴黎时，国民议会迅速派遣了一个代表团，迎接国王回归。同样还有成群结队的公民，无论来自城镇还是农村，都围聚在马车周围，陪他回到巴黎，这让马车的速度比走路快不了多少，也让国王夫妇完全体会到自己的行动激发的惊恐与担忧，而且他们不得不在沿途的每一站都倾听群众的

下页图
勒絮尔的画作，戏剧性地描绘了王室家庭恳求抓住他们的人放走自己的场面（卡纳瓦雷博物馆藏）。

ARRESTATION DE L C

LOUIS XVI s'échappa des Thuilleries la nuit du 17 Juin 1791. en
frontières. Le Conducteur de la Voiture s'obstina à vouloir changer
menacés, rien ne put l'engager à marcher, D'autres Chevaux ne se trou
on chercha à savoir quels pouvoit être ces Voyageurs qui témoignoient
aux regards du public; Le Maire vin qui reconnu Le Roi, et lui dit qu
de la Reine, et de sa famille, rien ne put toucher l'inflexible Maire. Le

ARENNES.
ses deux Enfans, et sa sœur; Arrivé à Varennes pres des
ns étant rendus d'avoir courus plusieurs postes, promeses, et
lus s'arrêter à l'Auberge : La contestation avoit attirée des spectateurs
t a continuer leur route, et qui se cachoient si soigneusement
ser passer, les promeses les plus séduisantes, les prieres, les larmes
ramené à PARIS le 25.

爱国主义演讲。

国王出逃、被捕并返回巴黎的消息一个接一个飞来，理所当然地传遍全国。这些消息在很大程度上引发了民众对外部势力全面入侵的恐慌情绪。东北部地区几乎已经实施了戒严令；从布列塔尼到波尔多都有"英格兰人"已经登陆的传闻；比利牛斯山脉沿线也都警戒起来，从诺尔到阿列日一带还会逮捕疑似为未宣誓教士的人。有些地区的农民再次将怒火倾泻到领主身上，他们烧毁城堡，从记录看还至少闹出了两起命案。

在巴黎，科德利埃俱乐部大胆地站在了共和政体这边，并在6月24日向议会提交了一份有三万人签名的陈情书。近三周后，议会终于决定不采取任何实质性措施，只在国王认可最终版本的宪法之前将其"暂时停职"。对此产生的反对意见导致了雅各宾俱乐部的分裂，多数成员退出了俱乐部，在另一座前修道院建筑中成立了新组织——斐扬俱乐部。其余相对更激进的雅各宾俱乐部成员和科德利埃俱乐部成员试图在马尔斯校场，也就是1790年联盟节庆典的会场组织一场请愿抗议。但7月17日，大批民众在那里遭到了国民警卫队的攻击，因为警卫队被有反革命"强盗"渗透进活动的传言激怒了。这次事件造成的死亡人数存在很大争议，但谣言称有上百人。这次"屠杀"导致了更大规模的镇压，让完成制宪的任务落入了中间派手中。

1791年夏天的动荡摧毁了大革命能以相对和平的手段迈向目标的任何可能。国王夫妇同斐扬俱乐部成员展开了艰难的交涉，他们希望保住自身地位并确保身处险境的子女的安全，而斐扬俱乐部领导层渴望得到王室许可，以对抗无政府主义和反革命势力袭击的双重威胁。领导层的激进分子不得不暂时潜伏起来，他们毫不含糊地表明领导层的中间派有多么惧怕且憎恶他们。最终敲定的宪法也带来了新的政策，试图在春天已经通过的政策基础上，再禁止民众集会、结社和请愿。春天的政策已经压制了城市工人的骚动，禁止了罢工和以个体公民契约权名义组织的工会活动。

当权者们关于激进威胁的强硬共识似乎已经得到巩固。但是，9月，国王为宪法而宣誓时，议会成员轻蔑地拒绝起立致意。尽管路易十六知道自己发了伪誓，私下里却仍然为自己受到的屈辱流泪。他不打算抛弃在革命者手中遭受贬庶的神职人员和贵族。尽管议会签发了政治赦令，并希望事态迅速朝稳定的方向发展，但宪法给出的这套解决方案，没能让任何安全、确定或已经解决的事情出现。

* * *

夏天发生在农村的动乱规模之大，再次揭示出政治家们渴望的解决方案与普通民众的诉求之间持续存在的分歧之深。7月20日，也就是马尔斯校场屠杀事件发生数日后，在鲁昂附近的马槽乡爆发了一场严重冲突。冲突双方分别是一支由约四千名农民组

下页图
被再次抓获的王室家庭回到巴黎，这幅画描绘了护送他们的武装游行规模之壮大。画中小到几乎无足轻重的王室成员直白但有效地展现出了这种效果。

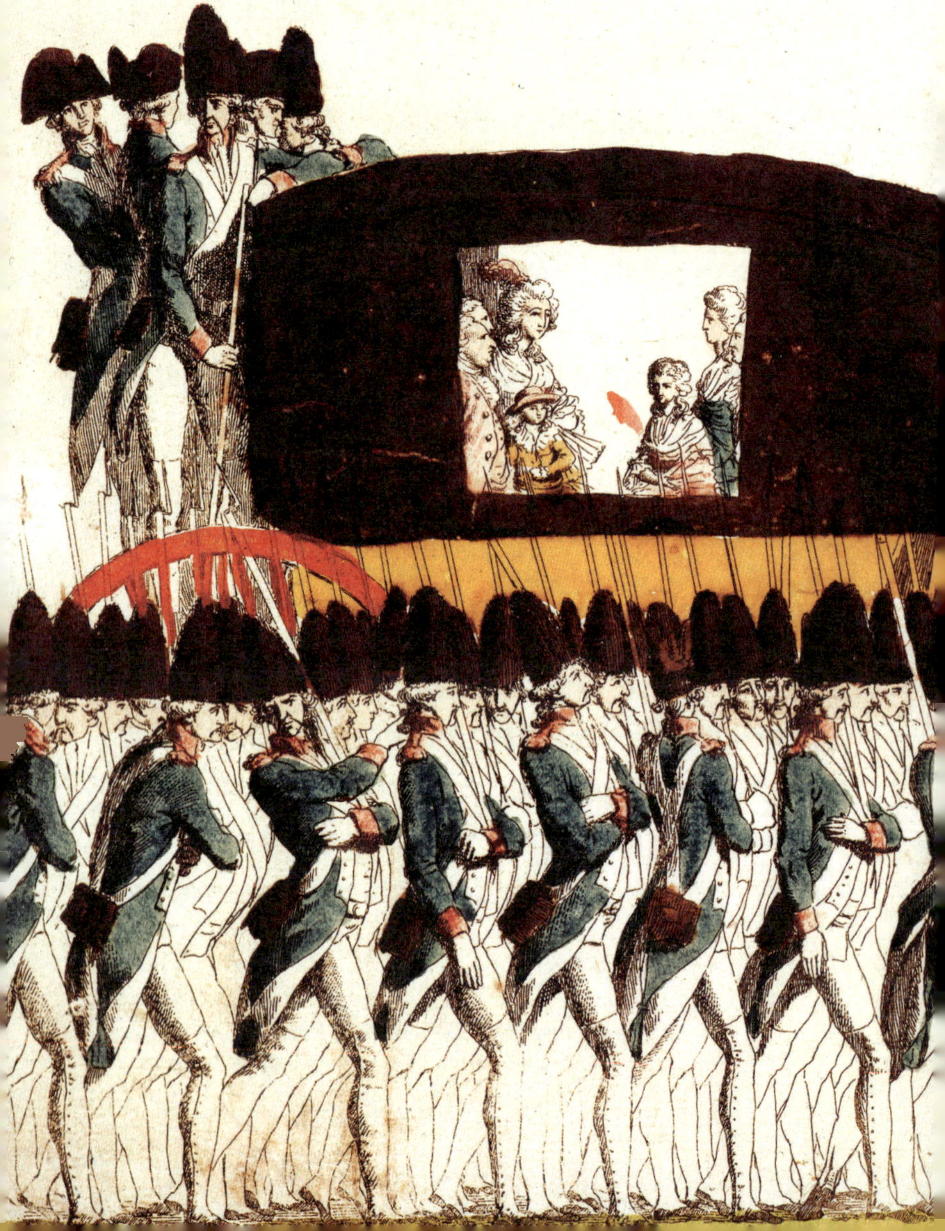

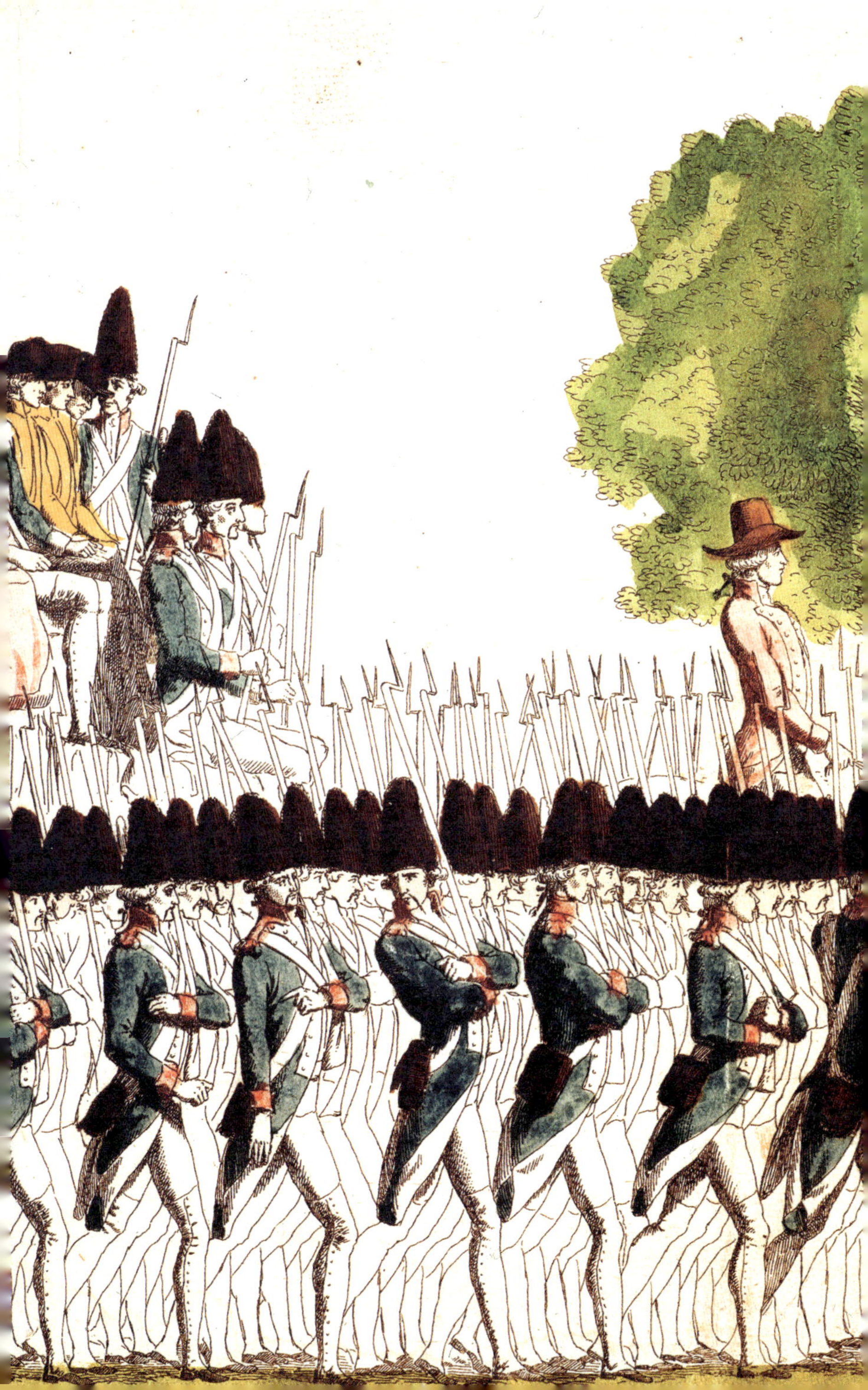

成的队伍，其成员来自不少于二十二个当地国民警卫队民兵团，以及一支由二百名被派来保护农民丰收期不受动乱影响的军人组成的分遣队。农民们在由他们公选出来的领导人带领下，要求军队撤离并恢复传统的市场管控方案。然而管理部门的回应则是向该地区增派了五百名士兵和两门火炮，并让议会签发了一份特别法令，重申了对谷物"自由贸易"的肯定。

虽然这一事件最后以和平方式收场，但在其他地方，这样的暴力冲突还在持续。在拥有大规模农业商品生产力的地区，负责秋收劳作的主要是流动劳工团体，他们也和城镇居民一样，体会到了通货膨胀带来的收入压力。其结果是，由这些团体的成员发动的传统半暴动式薪资抗议活动或闹事行为，广泛蔓延到了各地。议会迅速把同年早些时候颁布的禁止都市工人阶层组成经济团体的禁令适用范围扩展到乡村劳工身上，并利用这一新法案赋予的权力，派遣部队镇压巴黎地区的主要抗议活动。

来自巴黎的新法案一次又一次地冲击着农民的生活。单纯以实际水平来说，每天至少有一份裁决、公告或法案之类的文件从巴黎发出，年复一年地逼迫着由少部分农民和当地名人组成的地方政府。仅仅是阅读并理解这些文件的内容就已经令人不胜其烦，更不用说再向选民们解释其中含义，或者推行法案要求的复杂新措施了，尤其是在上层要求的很多改革政策根本是无稽之谈的情况下。一些管理人员干脆辞职，回到更符合实际情况的普通生活之中。

在施行佃农制，即一大片土地被分割成许多小型条状土地，由个人持有或租用的制度的村庄，居民们陷入迷茫，因为国民议会宣布今后不得迫使任何人参与此类集体行为。1791年9月，新的农村与森林法开始生效，该法重申了财产持有者的个人权益。一方面，牲畜的持有者将不再只能把牲畜寄养在集体牧群中，土地持有者也不再必须为集体牧群提供过路权；另一方面，穷人从公共林地收集木柴或其他资源的权利也被废除了。

从1789年开始持续弥漫在乡村的紧张气氛，一部分表现为农民对未开垦的"废地"和森林的占领，他们一直被封建法规禁止使用这些区域。地方政府时常哀叹这种行为是对景观的破坏和对生态环境的真正威胁。例如有证据表明，在山坡上砍伐树木会引发山洪暴发等灾害。并且通常情况下，未经仔细规划便清除林地，总伴随着可能耗尽需要数十年才能再生的资源的危险。但就像对待生活中其他许多经常出现的情况一样，国民议会只是打算用一纸空文禁止这种行为，他们坐等这些法规得到实施，完全不考虑地方的实际情况和需求。

宪法任命的立法议会于1791年10月开始履行职能，这是一个全新的组织，诞生自其前身自行解散之后，渴望摆脱过去两年的负担和冲突。尽管现在的立法机构里没有反革命分子，许多新的议会代表还是很善于在其他各级权力机构中找出这部分人，特别是在复辟的国王身边。路易十六很快意识到自己面临着的难题：在激进的雅各宾派启发下制定的法律要求严惩那些拒绝效忠的神职人员和流亡贵族。国王为此动用了新宪法赋予他的否决权，这没有出乎任何人意料。公众视野之外，温和的斐扬派顾问们对无法构建出一个建设性的政治体系感到绝望；而在公众层面，向流亡贵族及其境外支持者发动战争的爱国主义呼声越来越高了。

立法议会面临的根本问题是，所有自1789年以来出现的棘手的问题，没一个得到妥善解决。不仅如此，1791年8月，法属加勒比地区殖民地圣多明各的五十万名奴隶趁着当地白人和"自由有色人种"之间爆发了破坏性政治冲突的机会，也开始用暴力争取自己的自由，这打开了一个划时代的新局面。这个暴力运动的影响经过一段时间才渗透进法国本土，不过这段时间里法国的麻烦已经足够多了。

法国西北部仍然深陷动荡，无法接收革命的信号。西北地区的管理部门向新立法议会派出了一个由激进派代表组成的代表团，因为除了城市中产阶级的俱乐部成员之外，几乎没人愿意费劲儿投票。一项对该地区持续不断的骚乱的官方调查发现，设立在城镇的地方管理机构被"狂热的"农民们包围了。这些农民受到那些拒绝宣誓的教士支配，尽管那些人已遭官方免职，却仍聚集在该地区。从农民的立场来看，地方政权落到了在他们眼中只是贪婪的外居地主的一群人手里，这群人各方面都和农民们熟悉的乡村教士和乡绅不同，而革命政府正在逐步深化对后者群体的排斥，无论是在经济上还是在文化上。

曼恩-卢瓦尔省政府曾于1791年11月致信议会，表达了自己的恐惧，因为有报告称那些受"极端的狂热和迷信"鼓动的人"在几个不同地方组成了三四千人的武装团体"。他们声称，其辖区内有三个区域的首府正面临"被这些强盗夜袭，或劫掠、烧毁的危险"，这迫在眉睫。写信者们发誓，"宁愿死在这里，也不愿弃职逃亡"，还尖锐地补充说，农民们所谓的"宗教权益"不过是其反革命野心上一块透明的遮羞布罢了。[31]

在不同程度上，这些问题也在其他地区出现了：1791年的整个夏天，占总数四分之一的行省都在请愿颁布法案，以驱逐拒绝宣誓效忠的教士；有的已经更进一步，直接对他们采取了严格意义上并不合法的行动。在里昂周边，当地官员反映乡村地区正处于"潜在暴动"状态；在图卢兹附近，官员宣布只有"诚实的公民"才能享有宗教自由，而且必须在"尊重公众秩序"的条件下。[32]这些话实际意味着，北至布列塔尼，南至阿尔代什，各地都有国民警卫队扫荡乡村，抓捕那些拒绝效忠的教士，有时还包括他们的支持者和财产。诺尔省一个叫贝尔莱蒙的村子被选为反抗据点，它最后被十五个周边社群合力围剿，当地女子修道院也惨遭洗劫。

整个冬天，雅各宾派和爱国者都在为各自的战争计划积蓄力量，也积蓄了对教士及其支持者的敌意：到1792年春天，几乎半数行省都已经针对这些人出台了措施。一些雅各宾派组织，比如在昂热、贝桑松、蒙托邦的那些，试图采取更积极的计划。他们成立了"流动俱乐部"，在乡村腹地开展本质上是政治活动的传教活动。不幸的是，由于反宗教的教条主义根深蒂固，加上他们在这项工作中只对村民的抱怨采取了一些思路狭窄的泛用措施，他们的行动被同日后持续存在的对反革命势力的同情紧密结合在了一起。

导致民众产生反政府情绪的另外一个因素，是政府在解决贫困问题上的彻底失败。整个国家再也没能真正从1788—1789年的危机中恢复，那次危机导致五分之一的人口陷入贫困之中。在这个极度动荡的年代，各行各业都在为盈利挣扎，失业已成为灾难。每当精英阶层尝试解决问题，比如在"公共作坊"为劳工提供补贴时，渴望得到岗位的工人就会变成可怕的威胁和负担，作坊也不得不强制解散。1789年，巴黎就发生了此类事件，1791年那个动荡的夏天重演。在全国各地，一些公共工程项目（尤其是开凿运河），虽然更成功地抵御了风波，但在数百万人深受贫困之苦时，这也只能为几千人提供工作岗位。

对教堂治下的教区机构及其独立收入的攻击，使长期以来的基础慈善福利系统严重受损，难以继续正常运作。同时，建立由国家投资的、能取代"没什么积蓄"的慈善机构、真正"做善事"的公众慈善系统的大胆计划，也因为缺乏稳定税收根本无从谈起。教会医院被豁免于以国家财产名义出售其财产，但也必须为这些财产缴纳新的税，并在1792年丧失了依靠这些财产创造收益的权利。政府承诺的国家补偿资金基本从没到账过，因此，那些长年来一直为寡妇、孤儿、老者、病人和残障人士提供照顾的机构几乎全都难以为继了。

1792年最初的几个月里，随着圣多明各的暴乱造成咖啡和糖的短缺及其价格急剧上涨，民众和雅各宾派在未来预期上的社会分歧显现出来。这些原本相对廉价的兴奋剂早已成为城市工人阶层饮食中不可或缺的部分。严重的骚乱因此爆发，其中也包括对巴黎杂货商的抨击，因为他们被认定操控了物价。政治家阶层惊讶于公众对这些物品的关注，因为他们选择将这些东西看作奢侈品，很多雅各宾派俱乐部还声明，他们将戒除咖啡和糖视为一种"爱国的"自我节制，他们还含蓄地、有时甚至明确批判那些不愿意效仿的底层人民。

对巴黎骚乱的关注，意味着雅各宾派无须花费大量精力在另一场基础供应危机上：1791年冬至1792年，恶劣天气导致成熟的农田被淹，法国东南部大部分地区遭遇洪水，危机由此爆发。粮食的价格飙升了百分之二十五至百分之五十，加上指券的通货膨胀，对于手上没有现金的人来说，粮价实际翻了一番。在巴黎周边的乡村地区、埃纳河谷和瓦兹河谷的集镇和河港，甚至更北、更东的许多地区，所有农村社群都开始以武力要求"公道的价格"，他们游行队伍里甚至时常出现地方长官和国民警卫队的徽章。

成千上万的农民在城镇中游行，和他们一起的还有诸如制针匠、织布工以及烧炭工之类的乡下工人，这些人与城市中较贫穷的劳动力阶层混在一起，有时还有当地律师、锻造师或土地管理员，甚至还有一些宣过誓的教士借此机会宣讲灾变预言，以反对财产持有者。所有这些对当权者来说都是无法接受的混乱。1792年3月，塞纳-瓦兹省的主要粮食交易中心埃唐普镇的镇长，在和反对物价操控的游行队伍的对抗中被杀害，立法议会对此的回应是追封他为追求大革命合法化的烈士，之后还为纪念他举行了"法律节"。

尽管国家可能因这样的问题陷入极端分裂，但平民也可能采取直接行动来保卫革命。1792年初，在法国西南部的洛特省，领主们的城堡遭到攻击，因为他们被怀疑通敌；在塔恩省附近，不肯宣誓效忠的教士和受怀疑的贵族也被攻击，有时后者还会被国民警卫队正式"解除武装"。在地区省会图卢兹周围，数以千计的强壮农民组成的团体参与了一系列复杂计划，从要求恢复物价的抗议游行到骚扰不肯宣誓的教士，再到烧毁封建制度下领土分封相关文件等。类似的行动使法国中部的几个大区都陷入动荡。

与此同时，在法国东南部，宗派主义与极端反教权主义势力之间发生了低强度的地域性暴力冲突，有时其中某一方还会采取更果断的行动。1792年2月20日，天主教忠实信徒在雅莱斯举行第二次集会，并在新教徒的反击远征队找到他们之前成功解散，但后者和本地人发生了冲突，造成七人死亡。几天后，一名天主教领袖被发现溺死在罗讷河。而在作为导火线的小镇尼姆，3月因恢复粮价而起的暴动在保皇派和爱国派的相互回击下演变成更严重的暴力行为，汇成进攻封建领主城堡、价格垄断和突袭任何与政府有关之人或持续争夺封建权力之人的浪潮。不同派别的宗派主义者、保皇派/爱国者、城镇/乡村、富裕/贫穷之类的分歧都被融入一种长久又偏执的焦虑状态，人们随时准备对任何潜在威胁做出暴力回应。

在所有这些因素的影响下，整个政治阶层悲惨却无可避免地冲向了用对外战争解决问题的方式。雅各宾派认定所有的混乱都来自反革命流亡贵族的颠覆行为，只有打赢才能解决问题。中间派和斐扬派，包括拉法耶特这样的人物，都认为给社会注入战时秩序会是解决他们眼中不稳定且人数过多的雅各宾派的良方。国王、王后以及他们的小圈子则荒唐且自取灭亡般地认为，如果革命派能在战争中迅速失败，国家就会重回他们手中。

所以，1792年4月20日，在双方就贵族与流亡贵族处置方式的问题互相提出颇具挑衅意味的要求，并因此僵持数月之后，法国向"匈牙利和波希米亚国王"，即拥有诸多头衔的奥地利哈布斯堡王朝统治者宣战。各方都坚信自己能在战争中取胜。战争，掀起战争的组织及其之后进一步的内部分裂，将把大众爱国主义力量推至难以想象的高度。但这些也将见证，这股力量中一个令人恐惧的部分将矛头转向了法国人自己，因为他们无法接受革命要求的对爱国行为的定义。在接下来的数年间，所有曾带头鼓动开战的人都尝到了恶果，而平民百姓做出了更大的牺牲。

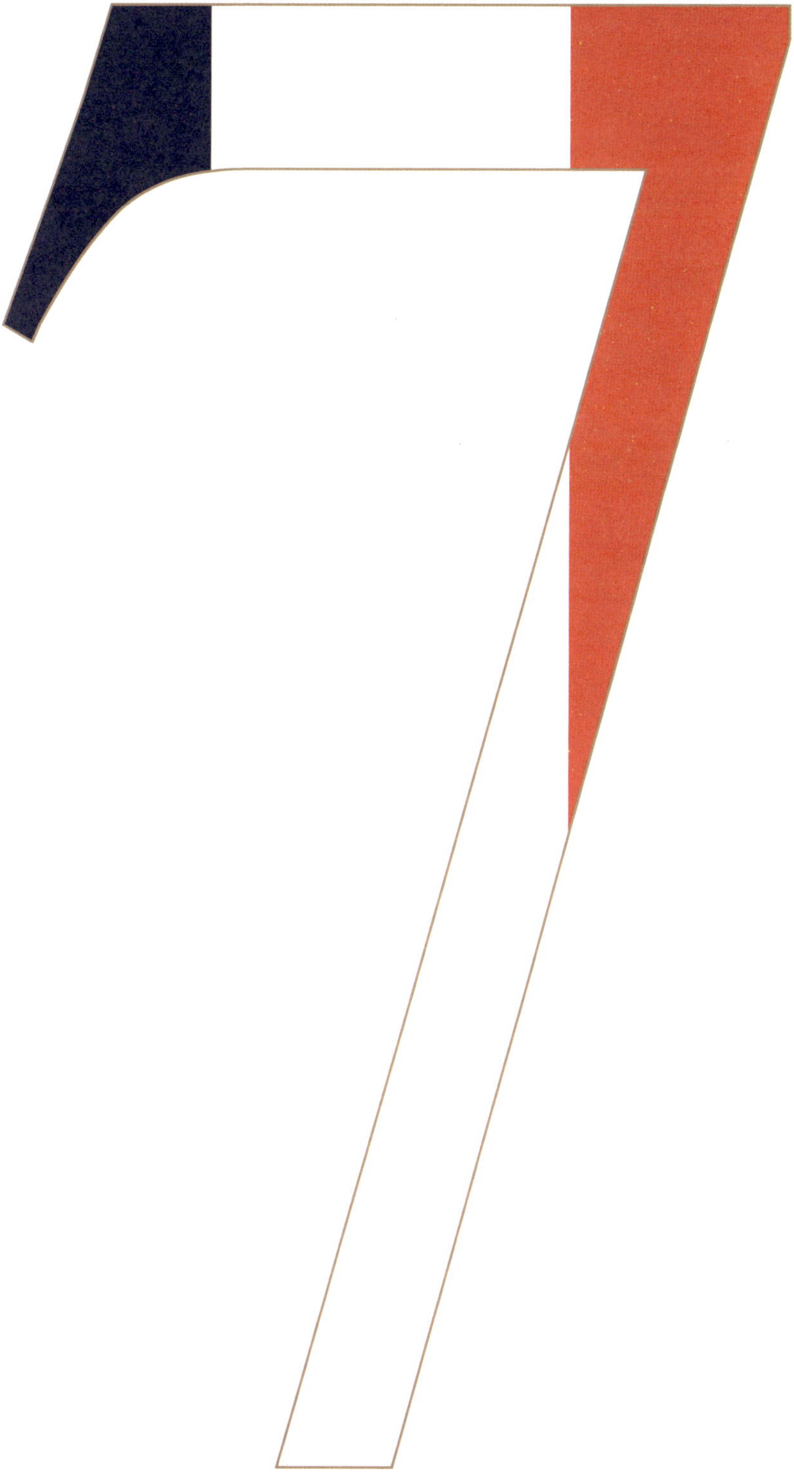

* * * * * *

战争、屠杀与恐惧

这场战争本应是腐朽的贵族阶级和被迫为其而战的"专制制度的奴隶"的溃败，至少以身为记者、政治家的雅克-皮埃尔·布里索为首的好战派集团领袖们是这么承诺的。由于1789年的创伤以及许多贵族军官移民他处，法国军队的状况变得不稳定。1790年，军队又因遭受叛乱而元气大伤。但1791年起，士兵们获得了新的公民权，政治家们认为，这大大增强了他们的革命热情。在王室家庭企图逃跑之后，有十万人加入了新的志愿部队，武装人员数量因此激增。志愿部队的制服与其他部队不同，工资也更高，而且只需服役一年。

这支内部分裂、指挥官的忠诚度值得怀疑（几乎每个仍然在任的高级军官都是贵族）的部队被命令向奥地利属荷兰发动进攻，而它在遭遇抵抗后实质上就瓦解了。军官们，包括一名将军在内，被惊慌失措的部队以私刑处死，而士兵们高喊着反对背叛。使法国免于完全陷入毁灭性军事崩溃的原因，仅仅是敌人的推进速度过于缓慢而已。当普鲁士在夏天参战（同时那些志愿兵服役一年期满，开始从前线撤离）时，这种崩溃的威胁就严重得令人胆寒了。

在这种情形下，到1792年7月初，君主立宪制实质上就已经瓦解了。面对军事上的失败，政治阶层的反应混合着震惊与果断。与布里索的圈子有交集的"爱国者"大臣们的政府官衔时有时无，他们与国王本人的冲突也逐渐变得公开。6月20日，一场声势浩大的示威游行在杜伊勒里宫爆发，群众冲进宫殿，与国王对峙，要求他采取行动,但他们除了对他大喊大叫之外无计可施。一周后,未能当选巴黎市长却正担任前线指挥官的拉法耶特侯爵离开军队,抵达首都,策划了一场针对雅各宾派激进主义的短命军事政变。左派和右派都对他嗤之以鼻,于是他撤回自己发动政变的命令,而面对种种指控,他竟然还幸存了下来,这一情况正体现了当时局势的混乱以及各势力的分裂程度。

7月5日,立法议会以"祖国在危急中"为题,制定了一系列内政和军事动员紧急措施。此前一个月里,议会试图让国王采取类似措施未果,所以7月11日,议会行使自身的权力颁布了这项法令。国民警卫队成了服务于对外战争的军队,所有行政机构都需要参与议会常设的每日会议,国王的一票否决权变得几乎形同虚设。虽然理论上国王仍是行政机构的首领,但实质上议会已经废黜了他。

在接下来的一个月里,巴黎的一些激进分子认为,尽管国王在政治权力上已经被边缘化,但他仍然是推动反革命威胁不断加深的核心人物。一名流亡贵族撰写了一份"宣言",以不伦瑞克公爵的名义发布,呼吁联军从东部进发,于8月初抵达首都。宣言中威胁,一旦路易十六受到任何伤害或侮辱,联军就会把这座城市夷为平地。而附近各地方的行政部门根据"祖国在危急中"法案的条款发动集会,请愿推翻国王,但立法议会无法同意这种行动。

巴黎各俱乐部、各街区和国民警卫队指挥部中的激进分子带头行动了起来。8月10日,一支大规模武装部队闯进杜伊勒里宫,敦促国王为了家人的安全向议会投降。在逃离时，路易十六未能命令他的瑞士卫队撤离，因此后者拒绝听从巴黎人的要求投降，一场交火随之爆发，随之而来的是对数百名士兵的压倒性屠杀。财物遭到愤怒的人们劫掠，宫殿被付之一炬，数百名爱国者也在这次事件中受伤或死亡。这场其实并未在任何人预料中的流血事件，为之后会发生的事定下了残酷的基调。

君主制的瓦解在很大程度上是巴黎内部的事，尽管有数千名最为激进的国民警卫队活跃分子推动。他们借由"祖国在危急中"法案也来到了首都。来自马赛的特遣队在向北进发、穿过军事营地时，听到了新写成的"莱茵军团战歌"。这些军人高唱这支战歌，使其重新得名《马赛曲》。这种民族团结一致的画面在更广泛的国家范围内并不是绝无仅有的景象。

西北地区，地方政府继续追捕未宣誓效忠的教士，每次这种武装袭击事件发生都会进一步煽动农村人民的敌对情绪。7月下旬，全国征募五万名新"志愿兵"，并对各地方征兵人数做了规定，这引发了严重的骚乱。8月21日，一万多名农民组成的部队攻入了德塞夫勒省省会，并毁掉了政府的行政记录，他们声称国外势力才是在捍卫真正的宗教。在布列塔尼各处，原本准备应召参战的国民警卫队发现，他们现在只能驻守地方要地，使其撑过农民的围攻。在马耶讷省，抗议者明确宣布他们"永远不会同意派

下页图
勒絮尔的画作。公民们高唱刚刚创作出的《马赛曲》，誓用鲜血保卫巴黎不被敌军攻占（卡纳瓦雷博物馆藏）。

LE SERMENT RÉPUBLICAIN.

Lors qu'on apprit à Paris que les Autrichiens, et Prussiens étoient dans les plaines de Châlons
Des Citoyens firent le serment, et le signèrent de leur sang, de ne point rentrer chez eux qu'ils n'eû
contribués à chasser les ennemis hors de la france.

Des Citoyens chantants l'hyme des Marseillois,... ils en sont au refrain aux Armes Citoyens !..........

兵对抗国王和教士"。[33]

而在其他地方民意走向则截然相反,群众针对反革命分子的暴行有时超出了政府的控制。在阿尔代什省和加尔省,7月中旬发生了数起民众谋杀被怀疑为贵族和教士的人员的事件,与此同时,国民警卫队对在雅莱斯的第三次天主教集会发动了猛烈攻击。两名教士在波尔多被处以私刑,而他们在之前的暴力行动中几乎没受什么伤害。8月,在诺曼底的贝桑港,当地政府不得不将大批教士从民众的怒火中拯救出来,因为他们集体移居海外的打算引发

一幅展现1792年8月10日发生在杜伊勒里宫的大屠杀场景的画,这是艺术家艾蒂安·贝里科特创作的一系列关于有代表性的目击现场的画作之一。贝里科特以前只以表现公众市集和娱乐活动场景的水彩画闻名。

了民众对外敌入侵的恐惧。

君主制被推翻只会加剧这种恐惧，因为现在流亡贵族的公开报复在民众眼中几乎成了定局。临时政府关闭了公然表示保皇派立场的媒体，这些媒体一直因雅各宾派造成的颠覆而煽动对他们的仇恨，直到最后一刻。拉法耶特侯爵背信弃义地要求他的军队向巴黎进军，并在遭到拒绝后投奔敌人。与此同时，奥地利－普鲁士军队则继续向前推进，并于8月29日到达凡尔登。他们在城墙外驱逐了一支象征性的防守部队，并用短短四天的围攻轻而易举地占领了该地防御工事。他们已经看到通往巴黎的道路就在眼前了。

显而易见，自8月下旬以来，眼下的威胁在巴黎催生了新一波爱国主义宣讲和动员。部队准备离开巴黎，到最后一条防线上做抵抗。那之前不久，数百名反革命嫌犯遭到围捕，并被塞进一个已经摇摇欲坠且充斥着有关腐败、破坏和颠覆的流言的监狱系统，这些准备工作的最后一幕会是一场大屠杀。

"九月大屠杀"从2日持续到5日，造成超过一千五百人丧生，其中大多数人是普通的罪犯，而民众普遍认定他们是收贵族俸禄的腐败"强盗"。对被拘押的教士和贵族，把他们投进监狱的激进分子做出了基于证据的审判。临时"法庭"阅读了他们的抓捕记录并进行审讯，决定解救至少和他们宣判有罪的人数相等的人。

下页图
这是1908年艺术家莱昂－马克西姆·费弗尔构想的一幅极为生动逼真的作品。画中巴黎平民正凝视着朗巴勒公主的裸尸。这件事本身很可能从未发生过。

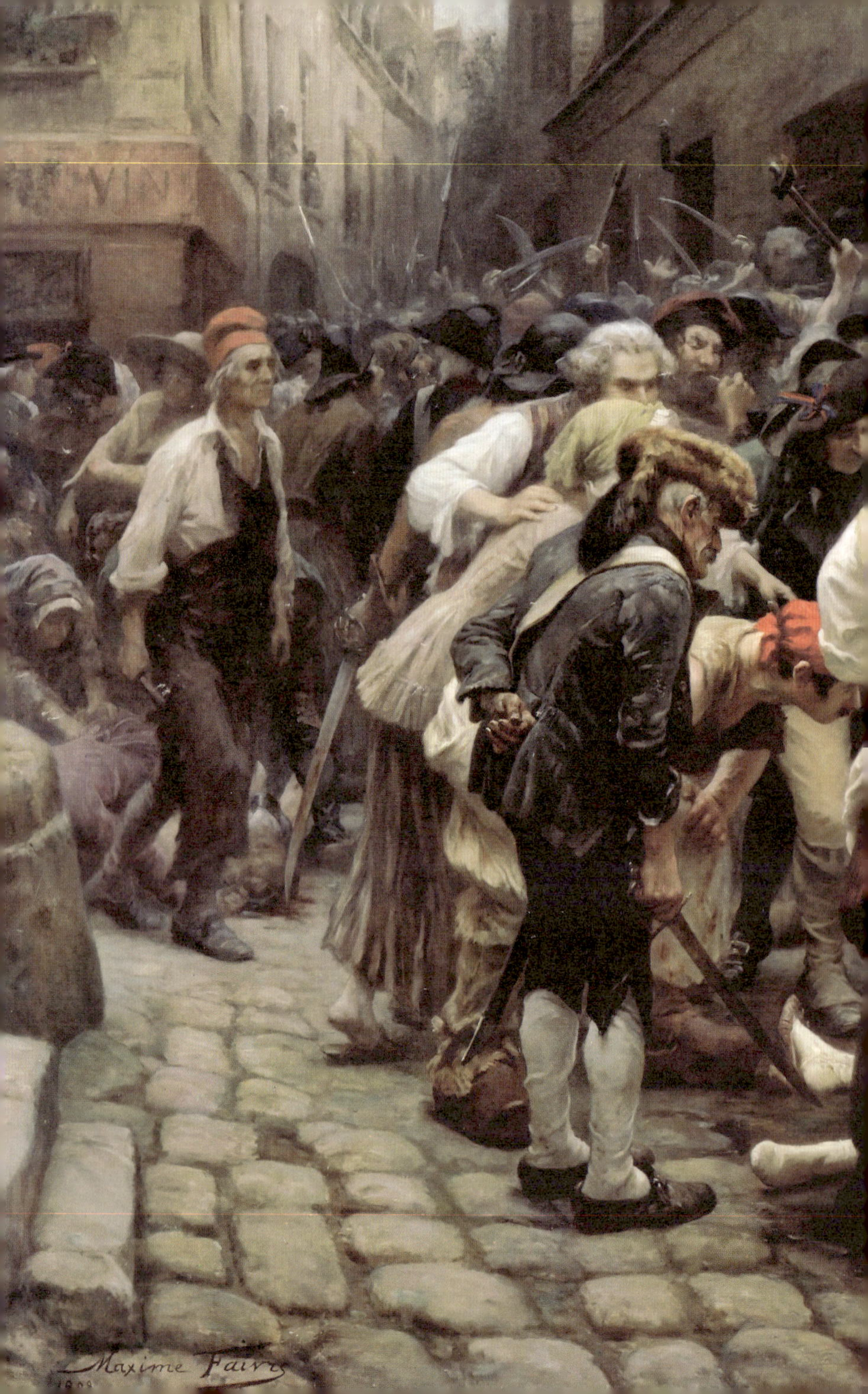
VIN
Maxime

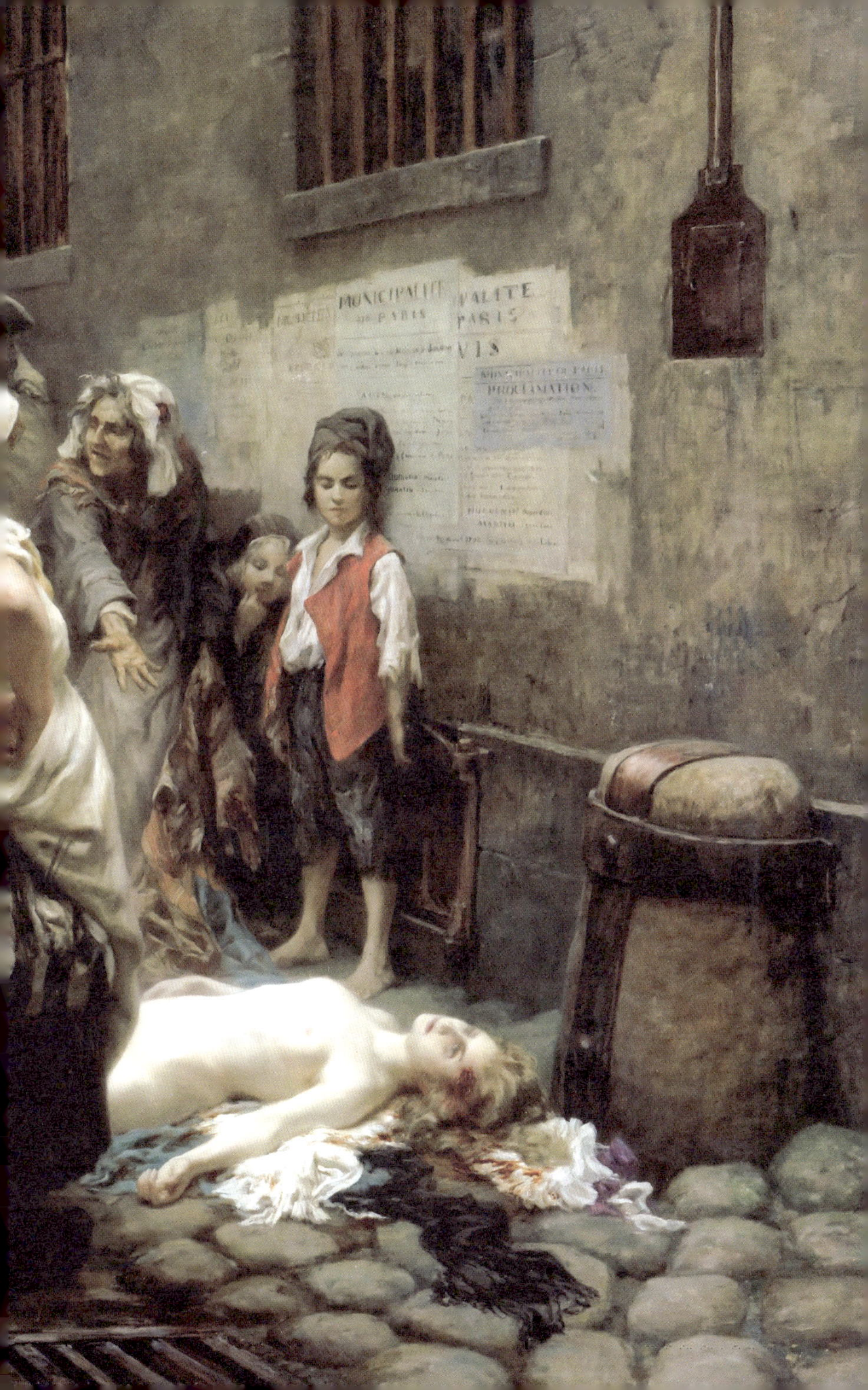
MUNICIPALITE
PARIS
PROCLAMATION

那些被判了死刑的人，通常就在附近的院子里被随意砍死。这些死刑犯中没有一个人真正犯了人们认定他犯下的罪，但他们大多给出了自相矛盾的供词，或只是以挑衅回应。这些事件的骇人程度催生出了愤怒的民众会同类相食的传说，但讽刺的是，这些明显是不公平对待的结果，而不是前些年那种许多个人政治原因导致的杀戮事件。

在法国各地，这种导致了巴黎大屠杀的危机感激发了更多滥用私刑的行为。四人在马赛被杀，还有更多人被关押起来，等待"人民法庭"的审判。里昂民众冲进监狱，将三名教士和八名军官拖出来打死。一个有反革命嫌疑的五十人团伙，本应在奥尔良接受审判，但在前往凡尔赛途中遭到拦截，被转移到索米尔处死。

通常情况下，召集志愿兵团结起来是和对反革命分子进行先发制人的审判同时进行的。8月中旬至9月初，在诺曼底大区奥恩省的六处不同地点，共有九人被志愿兵杀害。在位于巴黎和被围攻的凡尔登之间的兰斯，凡尔登陷落的消息引发了持续两天的起义，导致当地一名官员、六名教士和一名贵族遇害。全国范围内这样的夺命事件发生了六十多起。在至少十五个省里，这样的动员伴随着对精英阶级财产的侵害和持续存在的封建杂税。在汝拉省发生的一个颇具代表性的事件里，从乡村社群中被动员来的国民警卫队，缴获并摧毁了负责收取已国有化的教会土地所欠封建杂税的政府办公室留下的记录，这提醒我们，革命政府仍然设法从这些资产的每一部分中攫取收益，而承受这些代价的则是农民。

尽管此类事件凸显出民众的某种热情，尽管君主制垮台带来的"第二次革命"总体上导致了对管理阶层的彻底清洗，但真正的革命热情并没有像激进分子可能希望的那样广泛传播。1791年，自告奋勇的志愿者已经和活跃男性人口高度重合，其中包括许多二三十岁的男性，这让完成1792年夏天的征兵指标对哪怕没有积极抵抗这项政策的地区而言都更加困难。

为了征兵，许多地方政府不得不支付现金奖励，很明显，这只能吸引陷入贫穷与绝望的人。有些村庄选择投票表决，其过程和贝壳放逐法无比相像，而另一些则鼓动那些易引发冲突或犯下轻罪的年轻人应征入伍。1792年入伍的志愿兵中，有四分之三的人不到二十五岁，而且绝大多数是穷苦农民。和1791年的那批人一样，他们知道自己的服役时间最多只有一年，而且很多人将这理解为一场战争也就只会持续一年而已。

对法国来说幸运的是，正规军和志愿兵组成的联军在瓦尔密与向前推进的联军展开了一场战斗，这条路线正是一年前国王逃跑时选择的那条。9月20日的一次短暂交战足以说服敌军首领缩短补给线，并退回友军的冬季营地。随着东部压力缓解，对北部的增援让法军在11月于热马普面对实力不足的奥地利部队时取得了历史性胜利，当月中旬法军就占领了布鲁塞尔，并离完全控制奥地利-荷兰越来越近。

新的国民公会（由仍参加选举的爱国者和活动家团体选举产生）负责决定国家宪政的未来。几乎在瓦尔密胜利的同时，公会宣布法国是一个"统一而不可分割的"共和国,并承诺实现民主和人民政府的新愿景。但是,对一个仍然主要由农民组成的国家来说,要如何实现这一愿景是一个持续困扰着律师、校长、前教士和其他有产阶级精英等公会成员的问题。

* * *

在收到农民无休止的请愿并目睹他们坚持不懈地直接采取行动后,立法议会在解散前夕废除了所有无法由持有者提供"原始所有权"证明的封建权利。但议会也重申,地租可以上涨至涵盖原本被废除的杂税部分,并坚持用法律手段收缴确实存在所有权的土地相关款项,特别是针对那些已归国有的教会领地,以及越来越多的、被没收来的流亡贵族的地产。

1792年冬至1793年,国民公会一意孤行,再次试图强制撤销对粮食交易价格的管控,无视了全国各地因价格垄断进一步掀起的骚动浪潮。与此同时,公会取消了立法议会颁布的允许农村社群内部分割共同土地的政策,对人们希望保留该政策而发起的一场声势浩大的请愿活动也无动于衷。本可行的事却遭到拒绝,这让乡村民众的愤怒情绪日渐激化,最终在1793年3月,国民公会通过了一项可能将任何提议强制重新分配土地的人处以死刑的新法令,让这种愤怒情绪上升到顶点。这当然不是多数主张平均分配土地的人民想要的结果,但这种带着古罗马《土地法》(*Lex Agraria*)标签的政策,也象征着国民公会对农民究竟想要什么根本就漠不关心。

这个君主立宪制国家将"民族"作为其主权的图腾，用《人权与公民权宣言》为其附上"法律"，并在定期要求官员和公民立下的誓言中将"君主"与这两者结合。新的共和国将"公民"一词变成既可指代男性也可以指代女性的称呼，尽管它从来没有认真考虑过给予女性公民任何政治权利，甚至还在1793年末禁止了女性参与公共集会。它把"人民"一词上升到了和"民族"一样的高度，却又对人民实际上可以做什么、说什么、想什么以及到底属于什么机构强行施加了更严苛的定义。

一个几乎是无中生有的新名词，"无套裤汉"（很可能出自一个晦涩的文学笑话），指那些在1792年初积极地以人民的爱国伙伴身份活动的人，强化了这种趋势。无套裤汉最初是一个讽刺雅克-皮埃尔·布里索和他那群好战爱国者的右翼团体，但到那年夏天，对巴黎地区的以及像马赛人一样参与了推翻君主制的激进分子而言，这个词已经跃升成一个带有反抗意味的标签。无套裤汉是基于一种认为真正的工人阶层应该穿长裤而非套裤的理念（在很大程度上是错误的）诞生的，到1793年，这已经演变成了一场政治运动和一个应该被所有人追求的理想，因此得到重新诠释。

无套裤汉的身份核心是一种悖论，即诚实的劳动工人身上那种粗俗暴躁、满口脏话的"男子气概"，被一辈子从没干过一天活儿的新闻工作者们（如雅克-勒内·埃贝尔）盛赞为一种美德，而且无套裤汉党还被巴黎各部门的领导阶层接受，其成员多数是教士和教师，而不是真正的工薪阶层。大多数部门中的积极分子和委员会成员可能曾是工人，但后来以店主或工匠师傅的身份成了聘用工人的一方——其中很多人利用地方部门发放的津贴和工作机会弥补自己在奢侈品行业崩溃中失去的收入。有些最为知名的积极分子十分卖力地表演自己"无套裤汉"的形象，因为他们实际上是根基稳固的资产持有者甚至乡绅，他们其实是用自己的命运在激进的反贵族政治运动上下注。

"无套裤汉"是一场政治运动，是共和体系中的一个派别，是任何一种社会认同感，但它也被投射为一种全体平民本质的行为模式：为共和国竭尽全力；偏执地怀疑敌人；在战斗中勇于自我牺牲；坚持主流正统观点，不掺半点儿怀疑。对任何没能符合所有这些品质的人来说，这是一个残酷的陷阱。随着新共和国的政治在1793年和1794年进入历史上所谓的"恐怖统治"时期，许多普通民众，无论在城市还是在乡村，都将落入这致命的陷阱之中。

* * *

从根本上看，恐怖统治有两个过程：一场针对反革命势力发起的战争动员，其规模之大前所未见，动摇了社会根基；革命政治阶层内部的互相怀疑与仇恨，每个人都认为有人叛国投敌。这两个过程交织、重合，就像在君主制垮台之前就已经开始的那样，普通民众被号召起来服从行动，任何反抗的企图都会造成深刻的痛苦。大多数民众受到政治宣传力量的影响，而且仍然能在1789

年的承诺中看到实际利益，让自己激发出巨大的行动力，但这将他们中的许多人引向了日渐浮上表面的内战中。

共和国精英的政治从诞生伊始，就受到了发生在以布里索为中心的前激进组织和比他们更左的派系之间的冲突的诅咒。因为畏惧混乱和失败，1792年，布里索的一些同僚想办法把自己运作进王室内阁，竭尽全力地想让战争发挥作用，并试图抵御推翻君主制的呼声。在那些发动了8月10日袭击的人眼中，这些举动让他们成了做出妥协的叛徒，而布里索派则反过来指控对方的极端激进派领袖，即政治家乔治·雅克·丹东、记者让-保尔·马拉以及国民公会的激进英雄马克西米连·罗伯斯庇尔，并试图在"九月大屠杀"中围捕并谋杀这几人。然而，双方都没能掌控足够的权力来击垮对方。

当所有这些关键人物都取得了国民公会的席位、开始商议国王的命运时，他们内心的仇恨也在悄然增长。布里索派现在被戏称为吉伦特派，因为他们中有好几名领袖出身自吉伦特省的波尔多，并常因代表自私的商人利益而遭到蔑视。极端激进派确保了在可接受程度内的话语体系中左翼的主导地位，他们被称为山岳派——开会时坐在最高层长椅上的人，同样代表着纯净的特质，这在当时的文学中常以阿尔卑斯山的气概和独立为比喻。无套裤汉党的积极分子略有保留地支持山岳派，但强烈地反对吉伦特派。

到1793年1月，国民公会已经一致认定，路易十六——现在是被剥夺了头衔的"公民卡佩"，是一个有罪的叛国者，但对该如何处置他这个问题仍存在巨大的分歧。山岳派打算处决他，而吉伦特派则提出了各种权宜之计，包括由公民投票对其进行判决等。双方都抨击对方心怀叵测：吉伦特派根本就是打算解救路易十六，而山岳派则试图煽动他们的敌人与国家对立。路易十六以六十票之差被判处死刑，数百名吉伦特派成员和其他温和派成员因此被确定为激进分子未来关注的对象。

激烈的争论，有时甚至伴随着肢体冲突，在国民公会的会堂爆发了。到早春，吉伦特派发动了一系列针对无套裤汉领袖的政治攻击，指责后者有在混乱中推翻国家代表的威胁，这简直是六个月前他们指控罗伯斯庇尔试图建立独裁政权的翻版。让-保尔·马拉，这名一直极力要求砍下国王头颅的记者，用一场极具戏剧性且满含政治意味的发言彻底颠覆了局面。到5月底，无套裤汉团结起来，强行要求清洗国民公会里的吉伦特派领袖。山岳派领导人对此表示默许，尽管他们对允许法外势力如此近距离地接近共和国核心仍然心存芥蒂。1793年6月2日，数以万计的巴黎市民受到动员，保卫公会会场，近三十名吉伦特派成员被扫地出门。

这在很大程度上给整个国家带来了影响极大的后果，并加深了权力中心的思想意识分歧。支持吉伦特派的报纸受到了无套裤汉袭击，已经消失了。行政权力集中在国民公会下设的公共安全委员会手里，而罗伯斯庇尔于7月底也加入了该组织。原定于夏天起草新宪法的计划到秋天仍被搁置，直到"革命政府"将共和国从战争中拯救出来。

在新一轮的立法动员浪潮中，反吉伦特派联盟中的紧张局势很快爆发成暴力冲突和威胁性语言。到1793年深秋，以丹东为中心的团体开始被贴上"妥协派"的标签，因为他们为谋和平，不惜展现出愿与反革命分子谈判的开放态度，十分令人不安。另一方面，记者埃贝尔和科德利埃俱乐部周围的无套裤汉领袖则发表了危险的言论，称公会领导层十分腐败，需要更多清洗运动。

特别是罗伯斯庇尔，他一直格外警惕腐败的迹象。到深冬，他手头上的证据已经绝不仅仅是捕风捉影那么简单，因为一些害怕暴露的人交出了提示性的证据，并指出有更大的阴谋存在。春天，新一轮致命清洗袭来，从和埃贝尔有联络的可疑外国势力以及据说是他的无套裤汉党盟友的平民开始，逐步扩大到丹东和其他罗伯斯庇尔的前盟友身上。罗伯斯庇尔的政治信念迫使他放弃了这些人。

接下来几个月里（直到1794年7月），那些曾互为最亲密的意识形态盟友的人，找到了新理由指控彼此犯了叛国罪，声称对方内心深处从头至尾都藏着反革命企图。政治阶层开始自我分裂，直到一些幸存者（其中不乏一些满手鲜血的人）为了保命，以罗伯斯庇尔谴责他人的方式谴责罗伯斯庇尔本人：他们说他是一个藏得很深的反革命分子，而且渴望成为暴君。"恐怖统治"时期就这样在1794年7月27日（新"共和历"的热月9日）以自我毁灭的方式结束了。

这一切发生的同时，国民公会动员全国人民参加到一场逐渐演变成内战的战争中。法国首都的偏执政治主张和各地方发生的真实大屠杀相结合,让人们在讨论这些事时创造出了"恐怖统治"这个流传许久的专用名词。但从许多方面来看,这是一系列持续多年的冲突的进一步恶化,而在此之中,法国农民既是参与者,也是受害者。

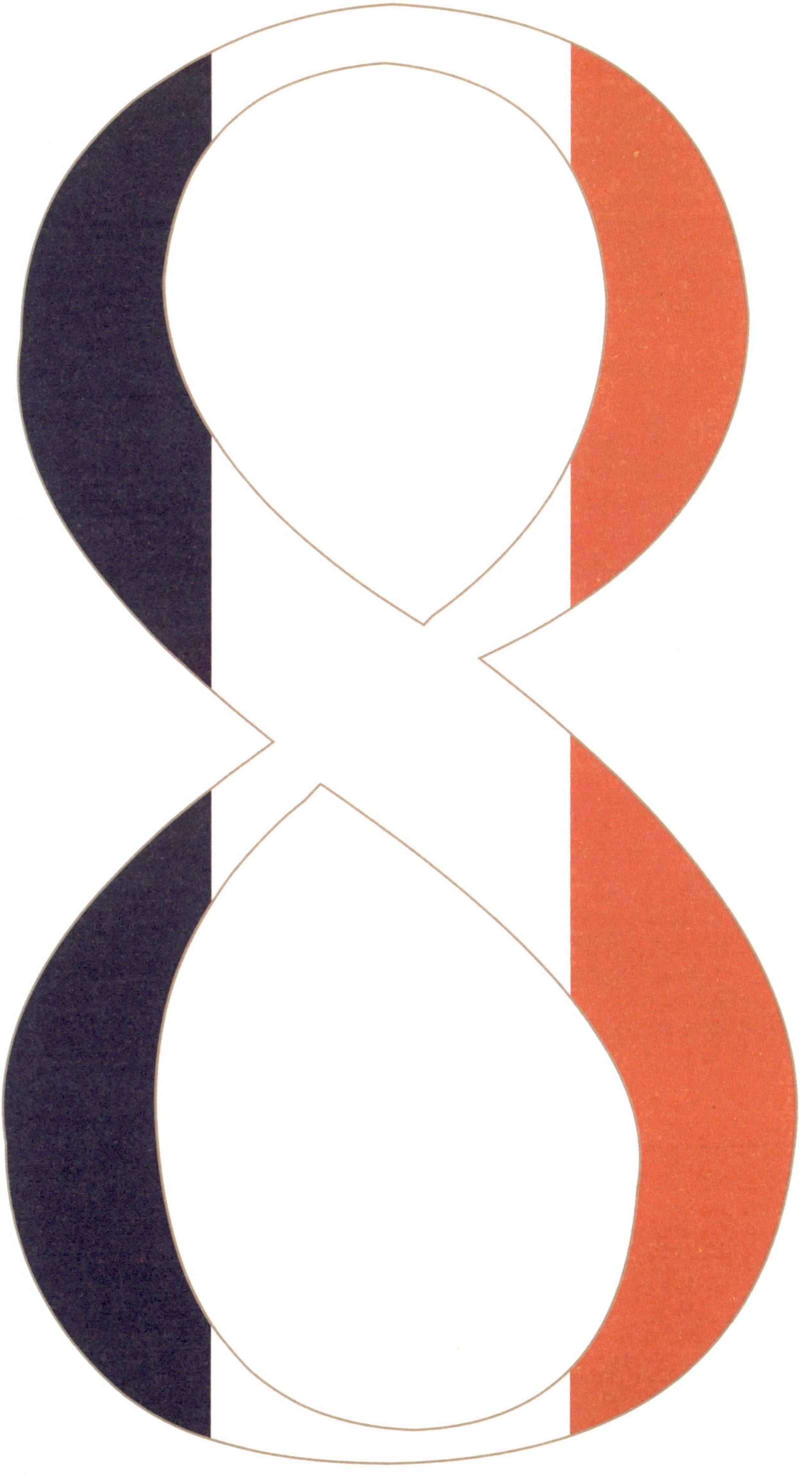

★ ★ ★ ★ ★ ★

共和国与人民

1793年2月和3月，恐怖统治时期的第一个立法机构确立，这再次导致平民和革命精英发生冲突，有更多证据表明，双方的根本分歧让接下来的十八个月持续弥漫着可怖的气氛。急剧上涨的物价，特别是糖和肥皂价格的飞涨在巴黎引发了新一波抗议暴动。群众要求稳定物价，却让激进派领袖更加不屑。罗伯斯庇尔评价暴动者为"一群听从贵族的仆从指挥的泼妇"；另一名领袖则抨击了这场"伪装下的贵族背信弃义的煽动行为"，并警告说："在那些我看不到对财产有所尊重的地方，我也无法再辨别出有任何社会秩序存在。"[34]

几乎在这些暴动发生的同时，国民公会发起了新一轮大规模军事动员，征兵人数高达三十万——如果可能的话最好都是志愿兵，但也准备了抽签或投票等强制措施。由于国民公会已经向西班牙、荷兰共和国、英国以及意大利诸国宣战（国民公会确信这些国家都参与了贵族企图摧毁法兰西共和国政权的阴谋），将战争规模扩大，因此这种规模的军事准备就变得十分关键。两周之内，地方对征兵的反应就足以让国民公会高度紧张，以至于他们以"特派代表"的名义派出自己的成员，全权接管地方统治。他们面对的局势，哪怕是在当时那个初期阶段，距离"灾难"也只有一步之遥。

大部分北部和东部边境地区因为直接面临侵略的威胁，募集到了数量足够的士兵，尽管很少有地区完全依靠志愿兵就完成了这一目标。当一些曾于1791年服过役的志愿兵同意回到军旗之下、听从召唤时,这在某些地方,比如上索恩省和杜省,成了值得庆祝的大事。人口统计学家发现1793年是法国结婚率急剧上升的一年,因为那些身为强制征兵对象的二三十岁未婚男性采取了显而易见的措施来规避这项政策。

这类单身汉团体还常常反对给予那些曾担任公职或在国家警卫队服过役的人免于强制入伍的优待。特别是在那些社会分层已经对农民造成压迫的地方,这种反应中可能含有很深的敌意。一个又一个城镇里,愤怒的民众聚集起来要求政府官员、当地雅各宾俱乐部成员和购买了国家财产的人带头签名应征,以体现其爱国精神。奥克苏瓦地区的瑟米举行了一场投票活动,提议让当地富有的精英阶层家里的儿子应征入伍;在其他地方,宣过誓的教士们发现自己的名字也出现在了征兵名单上。

哪怕是最偏远的地区也充斥着不满和异议。一名来自比利牛斯山谷之上阿列日省阿勒纳克村、名叫加斯帕德·鲁斯的农民,因为"这个国家已经开始把手伸向自己的人民了"的发言遭到声讨。对另外一个村民所说的,"我们全都必须争先恐后地冲上前去保卫国家"的说法,鲁斯回敬道:"既然他这么说了,他们就该把他派去。"巴罗和科雷兹,多尔多涅省的两个佃农告诉志愿兵,法国的敌人"是对中产阶级愤怒,而不是对农民愤怒",还应和了其他地方的普遍观点,认为志愿兵应该下到各辖区,"把政府官员抓到前线去"。[35]

特派代表们在意识到事情的走向不容乐观后,大多坚持执行抽签征兵制度，但其结果，尤其是在更封闭的丘陵地区，则是年轻人在家人的帮助下逃到山上，这开启了在接下来数年中一直持续的逃避兵役的传统。其他地方的情况可能更糟。3月17日，阿韦龙省那些即将被征召入伍的准士兵发生暴乱，击伤了罗德兹市市长。数千人参与了这场最终被部队平息了的短暂叛乱，有20名头目被处决，因为这场暴乱最后演变成公开煽动反革命情绪的事件。但和法国西北部发生的事件相比，这最多算一场小规模冲突罢了。

位于西诺曼底、布列塔尼和卢瓦尔河下游的十二个省，受2月征兵的影响发生了不同程度的暴动，1791年多数抵制教士宣誓的事件也发生在这些地区。布列塔尼大区的首府，甚至主要城市雷恩都一度受到愤愤不平的农民大军威胁，险些遭到占领。尽管到4月征兵取得成功，但那些抵制者还是联合起来，组成了被称为舒昂党人的组织，发起游击运动。他们破坏了自己村庄内部的共和主义标志和象征，并如军事占领者般控制了设立于城镇的地方政府，里面的官员一旦离开有武装队伍看守的驻地就会遭到伏击。

更往南一点儿，在那个很快就会以其核心省份旺代省为人熟知的地区，一场和上述事件类似但更为彻底的暴动粉碎了共和国脆弱的权力网络。城市革命者对地方社群文化发起的一次次短视且充满偏见的攻击都煽动了叛乱之火，而征兵则是引爆之前最后的导火索。大批农民涌入地方首府，摧毁行政记录，宣称自己是"教皇"和"国王"。

下页图
19世纪布列塔尼画家莱昂斯·珀蒂笔下富有戏剧色彩的反革命游击队员。

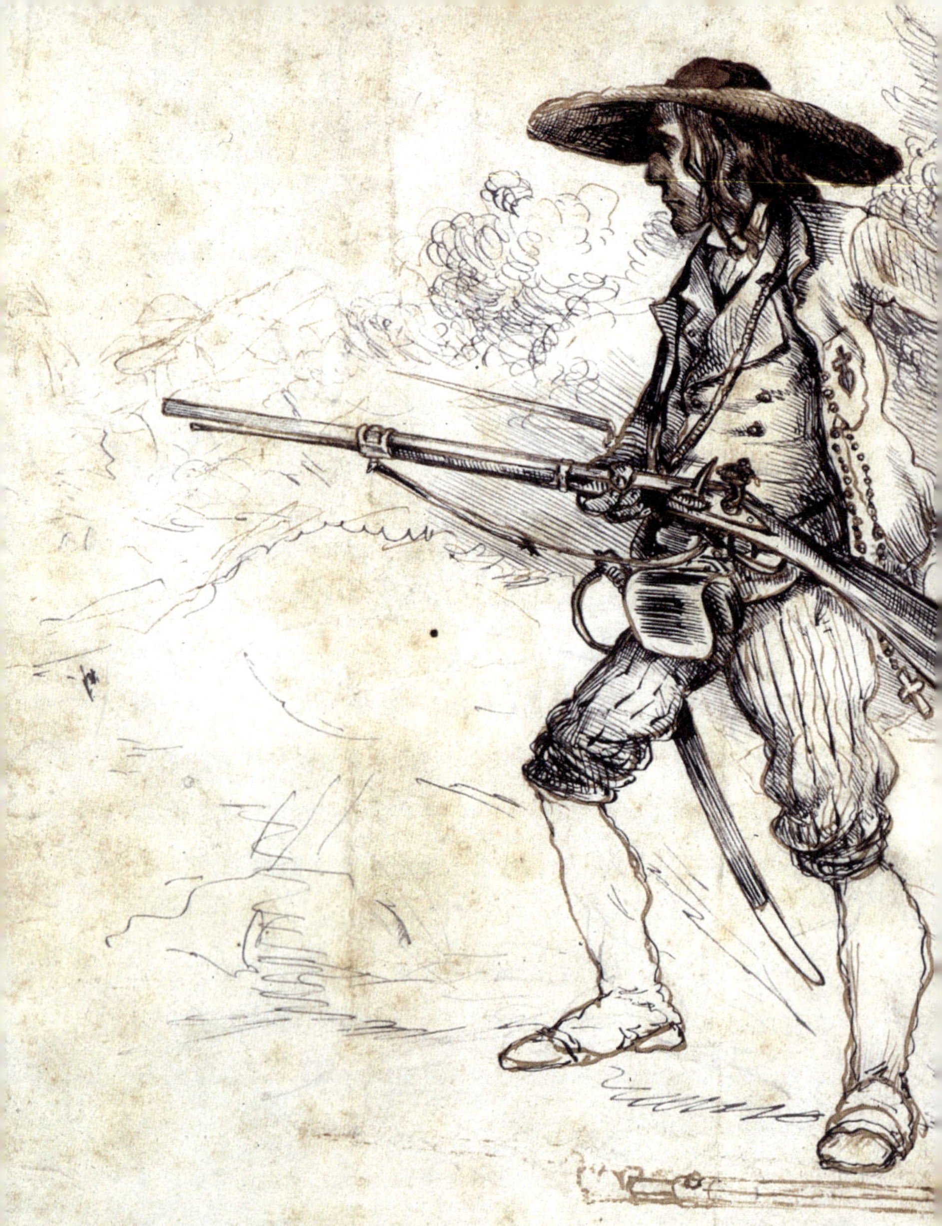

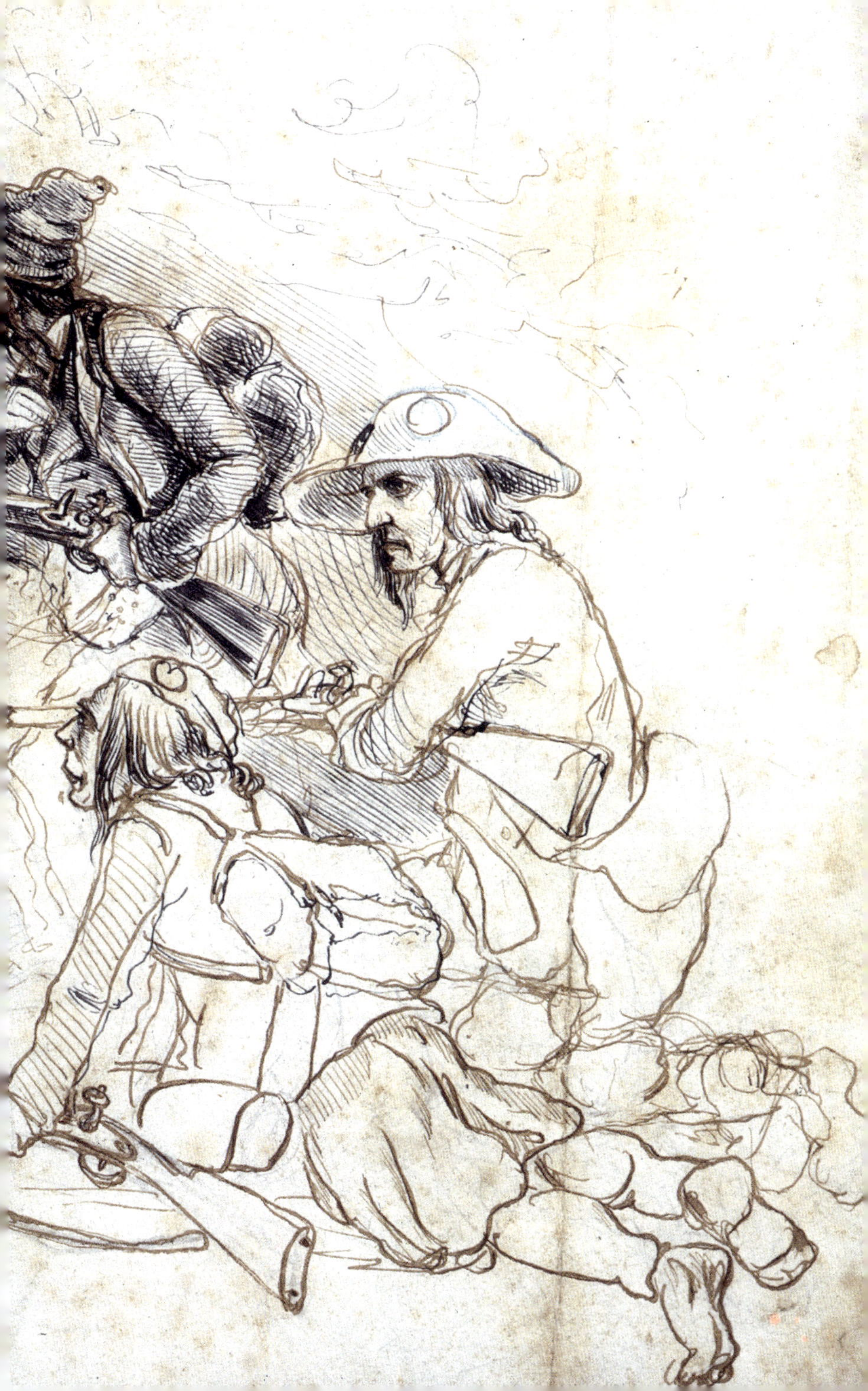

一幅19世纪版画,描绘了画家想象中旺代战争那给人留下了深刻印象的开端。

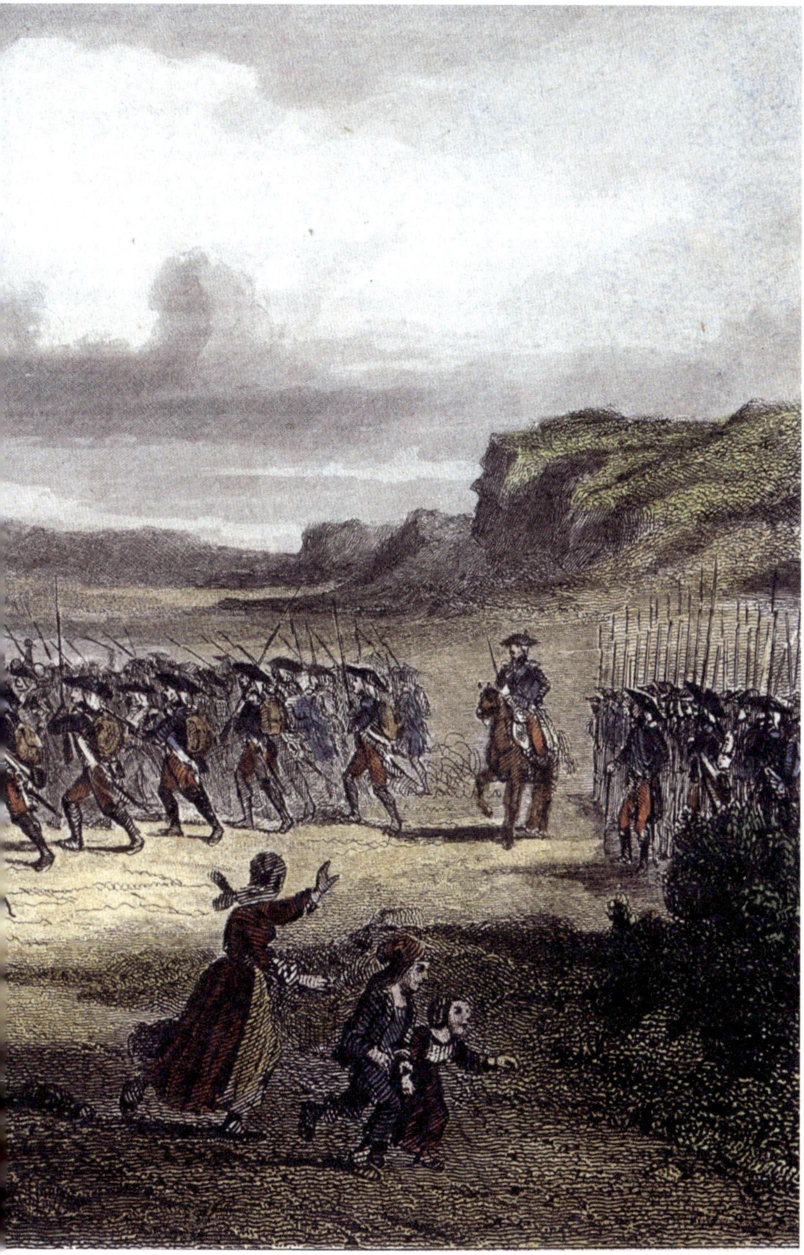

3月上中旬，国民警卫队试图向暴动的人群发动攻击但失败了，战斗已经造成数百人伤亡。胜利与失败、前进与后撤的节奏像潮起潮落一样起起伏伏，不仅让双方都颇具胁迫性地聚集了一批战俘，还让屠杀与复仇的恶性循环不断上演。到3月底，已经发生了多起处决共和党人的事件，每次都有数十人被杀，有几次死者甚至达到数百人。这场战争越发地你死我活，没有退路可言。

3月19日，国民公会最终投票决定判处暴动者死刑，不得上诉。几天后消息传来，说法国军队向北挺进荷兰共和国后在内尔温登惨败，并向南溃逃，迅速丢掉了在之前的战役中收获的所有成果。国民公会的这种绝望措施的合理性因此得到了更有力的证明。被击败的迪穆里埃将军（吉伦特派领袖的亲密盟友）也附和拉法耶特侯爵，谴责巴黎的激进分子，并试图带领他的军队发动政变，后于4月5日倒戈至奥地利阵线。与此同时，回荡在中央和乡村政治之间的回音越来越刺耳。

国民公会还于1793年3月设立了革命法庭，负责审理所有政治变节罪行，并且不允许上诉。面对无套裤汉要求当局采取行动那日渐高涨的呼声，激进演说家丹东令人印象深刻地将这一决定包装成一种手段，以对抗"九月大屠杀"释放出的那种不稳定力量。他声称："只有我们变得糟糕可怕，才能拯救人民免于如此！"[36]虽然这种说法助长了那种传说，即把民众暴力当作一种匿名的、不可阻挡的力量，但巴黎真正的无套裤汉积极分子正忙于一项十分透明的活动：他们逐渐控制了那些和他们意见相左的区域。他们的"亲善行为"包括集结大量民众游行、要求用更合适的候选人取代社群领导人、强行以"通过鼓掌"的方式左右选举结果，并威胁要殴打那些持不同意见的人。

这一进程完成后，伴随着新的巴黎市政当局，即"公社"代表被任命上台，无套裤汉积极分子转向召集大批普通士兵，用官方资金支持他们武装游行，以此要求吉伦特派在5月底下台。与此同时，类似的普通工人数以千计地在里昂和马赛聚集，抵制不受欢迎的雅各宾派代表带来的干扰造成的混乱。受巴黎冲突的刺激，这些行动者开始逐渐把这些城市的全体居民看作受到吉伦特派营利主义倾向腐蚀的群体。

甚至在巴黎大清洗开始前，就有两万五千名马赛人向国民公会请愿，要求召回并惩罚那些和极端激进地方势力结盟的代表，因为他们破坏了整个地区的安定。5月29日，消息及时到达巴黎，为6月2日的最后清洗添了一笔颜色：里昂人民开始起义，反抗当地政府，因为有消息称后者曾呼吁军队进驻该地。这些暴乱与吉伦特派被驱逐后在波尔多和诺曼底发生的那些事件相结合，构成了一场被谴责为会威胁这个不可分割的共和国的"联邦主义"运动。可事实上，这些事件都只是引发更广泛的社会和政治混乱局面的导火索。

无论是占主导地位的山岳派还是他们的联邦主义新敌人，都试图将这种崩溃从社会角度加以简化。对联邦主义者来说，激进

下页图
勒絮尔笔下的来自各行各业的城镇武装志愿兵（卡纳瓦雷博物馆藏）。

Sans-Culotte avec sa redoutable pique.

Chartier faisant sa faction

fort de la

garde. Savetier allant monter sa garde. Menuisier en faction revetu de sa houpelande.

Volontaire *partant pour l'armée avec un uniforme qui n'a pas été imité.*

*Lors de la guerre de la V[...]
qui étoit cacochisme, et [...]
prendre soin de son fils qu[...]*

des Réquisitions de jeunes gens. un Citoyen présenta son fils
ile, et incapable de servir; Mais il proposa que si l'on vouloit
à sa place, ce qui fut accepté.

的雅各宾派在过去一年里一直在煽动他们易受蒙骗的平民支持者对抗共和派政治家,并怀揣着从公共领域谋取个人利益的阴谋,这已经证明了他们是"无政府主义"的致命拥护者。对这些激进分子自身来说,吉伦特派和他们在各省的支持者并不是人民真正的朋友,他们只是在需要征兵动员的地区散布消极情绪,而这实质上只是受一种类似商业寡头渴求市场主导地位的私欲驱动。反革命贵族及其外国盟友则无可避免地成了仇恨三角上的第三股势力,他们被认为是所有恶行的幕后推手和实际获益人。

尽管很大程度上联邦主义的根基在于城镇,但1793年夏天的种种问题也为乡村人民的不满情绪持续添着柴火。在东部省份汝拉,对从出售国家财产中获利的富人的愤恨、对新出台的至关重要的地方政策的不满,以及对弑君和驱逐吉伦特派的敌意都在悄然增长,并以短暂起义的形式表现出来。与此同时,在临近的杜省,很多村庄从要求教士宣誓开始就心怀不满,他们对征兵的恐惧在漫天谣言下演变成一场超过一千人参与的起义。山岳派对此进行了镇压,抓捕了超过五百人,并处决了四十三人。

在主要城市,有一种肤浅的逻辑导致共和派的想法产生分歧。相对富有的人和那些贫穷到足以为食物发动暴乱的群体,很容易被视为根本对立的两方,但所有相关群体的实际行动都在挑战这种过于简单的划分方式。联邦主义地区里昂的保卫者们在雅各宾

上页图
勒絮尔描绘的志愿兵怪象:一个穿着自己设计的、没有类似款式的制服的人,
还有一位自告奋勇代替自己残疾的儿子参军的父亲(卡纳瓦雷博物馆藏)。

派的围攻下一直坚持到10月。在仔细观察后，他们决定将自己划分成一系列职业群体，和同一时间段在巴黎参与无套裤汉运动的人员构成非常相似。无套裤汉运动本身则证明了它在面对短期社会议题时具有惊人的灵活性。

1793年7月中旬，"煽动叛乱"的记者让-保尔·马拉遭到夏绿蒂·科黛暗杀，这件事震撼了整个巴黎。这名年轻的诺曼底淑女在以殉道者的身份被送上断头台之前，在审判自己的法庭上谴责了马拉本人（莫须有的）腐败，并宣扬联邦主义事业之正当性。这一系列事件之后，很多组织继承了马拉的衣钵，包括一些热忱的女性积极分子和著名的爱国教士雅克·鲁克斯，他们呼吁对富有的食物囤积者采取残酷措施，并进一步为战争努力动员。

那些包括罗伯斯庇尔和雅克-勒内·埃贝尔在内的老牌激进派领袖达成了惊人的一致，他们都在出版物和演讲中称呼上述人士为"疯子"，而且都认为这些破坏稳定的要求有些过火。在国民公会仍然希望用协商的方式使联邦主义城市和平回归时，山岳派和无套裤汉却在用近乎吉伦特派的论调攻击那些更左的派系。7月底，当这些攻击不断升级时，国民公会极为伪善地同意了"疯子"们的一个关键要求，判了囤积者们死刑。雅克·鲁克斯名誉扫地，遭到边缘化，此后还以政治嫌疑犯身份被逮捕。女性积极分子们则在秋天收到了一纸禁令，再也无法参加任何公共活动。

随着联邦主义迅速投降的希望渐渐消退，埃贝尔和他的无套裤汉同僚厚着脸皮将"疯子"们的政治理念当成自己的。到8月中

N'AYANT PU ME CORROM
ILS M'ONT ASSASSINÉ

旬，在他们的鼓动下，国民公会颁布了"全民皆兵法令"，规定所有身体强健的公民投身于适合其性别及年龄的公共事业，并允许其在国防任务需要时征用从工厂到马匹等一切国家物资。三周后，无套裤汉领袖召集大量民众，呼吁国民公会采取进一步措施。在几乎是各激进派系领袖的最终对峙中，国民公会通过了一系列新法律。公会全面搜查"可疑分子"并将其全部拘留（最终波及数十万人），而针对食物短缺引起的恐慌，公会则出台了"全面最高限价法令"以控制物价。

在道德层面，全面最高限价法令给国民公会中坚定支持自由市场经济的代表（包括山岳派领导人）造成了冲击，因为其本质是向公众从1789年开始就一直要求的"旧制度"式市场管控的屈服。但是，同时出台的还有更具有争议的"限薪令"，即把薪资削减至通货膨胀之前的水平。无套裤汉在"限价法令"和"嫌疑犯法令"上的"胜利"受到了新的制约：一项新法令规定，地方会议每周不得召开超过两次。这显然是为了控制巴黎经过长期动员而汇集的力量。在恐怖统治期间，任何似乎是回应平民需求的安排，都必然伴随着需要平民做出更大妥协的另一面。

回到1793年7月，在君主制倒台近一年后，国民公会终于取消了所有封建税收和补偿方案，还在此前一个月制定了另一项措施，即以面积更小的单位划分国家财产后再将其出售，并考虑了公众均分的可能性。但是，虽然这些措施向持有资产规模更小的

《马拉之死》（*The Death of Marat*），1793年。在雅克-路易·大卫笔下，肮脏的环境也成了一种美。

人伸出了援手，那些持续受到之前封建制度遗留税收和什一税压迫的人却没能获得任何补偿。这个夏天，这一问题引发的乡村骚乱从西南部的热尔省一直蔓延到离巴黎只有一天行程的约讷省，但国家政治体系内没有一个人认为这算问题。同一周内，国民公会命令特派代表拆除经过加固的领主城堡，这清晰地表明，在前者的脑海里，封建领主和资本主义地主之间不存在任何相似之处。

* * *

1793年秋天，随着保皇派和吉伦特派领袖被排成一列送上巴黎的断头台，法国继续经受着剧烈的动荡和军事动员的摧残。十几个特派代表两两成对地分布在法国各地，屡次闯入地方人民的生活之中。他们有时因收到告发信件而活跃起来，有时只是仓促判断哪些团体看上去或者听起来更像真正的爱国者，因而经常受到地方派系的摆布。他们推翻了地方当局，清洗了当地的雅各宾俱乐部和其他俱乐部，任命新的地方领导人和法律官员，并经常在自己前往别处扫荡时随意创造出一群全新的临时"特派专员"留下来替他们行事。

在经济状况发生根本性混乱的时刻，成年男性中的聪明人紧紧抓住不断扩张的新官僚主义浪潮，以获得经济保障和社会影响力。自春天以来，每座村庄都设立了一个"监督委员会"来管理非本地人口的流动，并向优秀的爱国者颁发"公民证书"。很快，要是没有这张证书，一个人的生活就会变得很艰难了。7月的囤积禁令和9月的限价法令造成了数以万计的公务员职位缺口，其中每个职位能掌控的权力都很大。如果职位上的人不展示自己是如何热忱地行使这些权力的话，便有遭到谴责的风险。

年底，一名被任命于鲁昂附近的坎尼乡村地区的官员指出，当地人口已经分成了三股势力，其中最小的群体是"富有的利己主义者"，仍然随处可见，需要小心监视。这位官员还尽职地记录了人数更多一些的"真正的无套裤汉群体"，这意味着这个词的含义已经远远超出它最初在城市环境下的定义。但人数最多的还是"对这一切无动于衷的人，其中大多数是农民出身，没有形成自己观点的能力"。[37]那位官员所做的吃力不讨好的工作就是劝导这些人更加爱国，而这对他们来说很可能毫无意义。

9月，还有一个组织出现了，那就是革命军队。这不是实际上的作战部队，其成员只是城市中一群被配发了武器和制服的无套裤汉，他们被委派了打击乡村人口中的囤积者和其他"反公民"行为的特殊任务。自古以来就存在于食物生产者和城市消费者之间的文化冲突，被他们残忍地带到了生活中。革命军队经常被小规模地派遣到怀有敌意的村庄中，他们常常和特派代表一样仓促地凭感觉判断该信任谁或惩罚谁，而且正如典型的指控会指出的那样，他们会一边在各处游荡，一边随意给人冠上"囤积者、律师、教士、前贵族的手下"之类的名头。[38]

因为革命军队被允许使用武力，他们就更能把外界对无套裤汉的刻板印象完美地演绎出来。他们中的很多人为自己狂野不羁的连鬓胡子感到骄傲，这些留胡子的人常常把某座村庄里酒馆的酒一扫而光，然后气势汹汹地袭击当地农民和商人。这些混乱导致的结果之一便是公然犯罪行为出现得更频繁。1793年10月，位于巴黎以南、与之相距一天行程的科尔贝伊周围的几座独立农庄遭到了全副武装、身着革命兵制服的二十五人团伙的劫掠，但这些人只是强盗而已，而且远非该地区唯一的抢劫团伙。

混乱带来另一个后果是，地方政治被赤裸裸地夸大成对民族斗争的反映。在法国中央地带的涅夫勒省洛尔梅郡，一名路过的特派代表赋予了一个自称为"马拉"·柴克斯的人以"民事专员"的权力。柴克斯召集了一支小型武装部队，继续执行国家关于征地和再分配的政策，并对当地精英的反革命和腐败行径实施了暴风骤雨般的打击。他说自己"宁愿做一条狗"，也不愿成为资产阶级。[39]但事实上，他曾被选为地方行政长官，他本人也是一个生活条件优越的地主，还和自己手下的一些劳工组成了武装团伙。他到底是受到革命热情感召，还是不过是一个为了牟利的机会主义者，事实真相已经被谴责的声浪掩盖，不可能被清晰地还原出来，就像当时很多情况一样。

在位于蒙托邦以东一天行程的小镇盖拉克，有个叫贝诺埃特·拉孔布的年轻人，他来自著名中产阶级家庭，他的家族在18世纪80年代才刚刚购买了贵族头衔。他在革命中采取了一种进步的立场，并且务实地投资了总计超过二十五万里弗尔的国家财产，包括当地大修道院的整片私有土地。到1793年，他已经成了当地一个派系的领袖，这个派系自称为"持矛无套裤汉"，以刻板印象中最为贫困、好斗的民众作为发展目标。[40]

至少在恐怖统治时期的一部分政治活动中，纯粹的地方积怨起了关键作用。在约讷省的托内尔郡有两个由前地产商和地方长官领导的派系，双方各有数十人，他们十年来的每一场冲突都发生在彼此之间，而每个成员都能毫不费力地将彼此之间可以追溯到18世纪60年代的敌意说成政治原因。到1793年中期，他们已经自称为"山岳派"或"无套裤汉党"，时而在街上斗殴、大闹，时而设法获得路过的特派代表支持。同年晚些时候，其中一派的领导人逃往巴黎，以躲避追捕的威胁。他们成功把自己粉饰为遭受迫害的爱国者，并使负责处理此事的代表立场倒向他们一方。1794年，两个派系的领导人都被拘留，这给这个约有三千五百名居民的小镇带来了脆弱的和平。

如果说在这个地方，国民公会的代理人（特派代表）能够以裁判身份裁夺当地政治游戏，那么在其他地方，他们也很容易被卷入狂热的积极分子之间的斗争。在埃罗省的阿格德镇，一个激进派俱乐部谴责特派代表约瑟夫·波赛特，说他应该"滚回投票给你的山区，回到那些你公开支持、煽动的浑蛋那儿，去做他们的灭亡天使，哪怕是为了对抗我们"。[41]波赛特在几个月后被召回并替换，尽管究竟是出于身份原因，还是社会或政治原因，我们仍然不得而知。

无论我们如何思考1793年持续激化的矛盾与变化，它们都显现出了成倍增加的新形式。旺代叛乱对天主教的公开支持，引发了几个月里对宗教本身的激进攻击浪潮。尽管那些宣过誓的教士在之前异见者们掀起的狂潮中几乎未受波及，但现在他们发现自己也成了抨击的对象：巴黎无套裤汉迫使巴黎大主教公开放弃自己的誓言，他们占领了巴黎圣母院，并举行了亵渎神灵的"理性节"。一些地区的极端革命者公开嘲讽超自然的概念，还滑稽地模仿宗教仪式，剥夺教士们的圣职，甚至强迫他们结婚（最理想的情况是让他们和前任修女结婚）。

这些生活中的暴力事件有很大一部分是由酗酒成性的城镇工人阶层粗暴的反教权主义思想造成的，但也有知识分子参与的层面。那名任命了柴克斯的代表——前教师约瑟夫·富歇就将涅夫勒省作为他尚未成熟的世俗主义思想的试验田。例如，墓地的概念被重新包装，门口的标牌上写着"死亡是永恒的睡眠"，而不是通往天堂或诅咒的大门。当富歇继续监督对里昂起义的野蛮镇压时，其他领导人向国民公会提出了将法国从宗教思想的精神束缚中解放出来的建议。

9月20日，另一位前教师吉尔伯特·罗姆向国民公会提出，格里高利历本身就是一套枷锁，"由于几个世纪来的无知，轻信和迷信的惯例给我们带来了错误"。[42]这段话出现的时代背景是当时人们采用的日历中坚定地标记出了宗教礼拜日程，其中不仅有强制性的周日礼拜仪式，还有周五只允许吃鱼、不允许吃其他肉之类的规定，以及需要教徒斋戒的大斋节和降临节的日期与禁忌事项

（例如，这期间不允许举行婚礼）。事实上，一年中还有另外五十多天的宗教节日需要特殊纪念仪式。

罗姆提议采用一种每月固定三十天的十二月历取代格里高利历。新历法在秋分时节会有为期五到六天的特殊活动以庆祝共和国成立，并严格规定每十天设立一个休息日。他的提案通过后，另外一位学者法布尔·戴格朗丁根据季节气候变化，为这十二个月赋予了富有诗意的名字。从1793年10月底开始，法国进入了共和国2年的雾月。

新历法的强制推行伴随着一系列重新命名行动，尽管这在某些最为激进的地区早已开始，但现在这一进程在全国范围内加速了。巴黎地区带有"君主主义"色彩的名字早在1792年就被换成了更通俗的名字：王宫成了磨坊山，卢浮宫更名为博物馆。还有更英勇的改法：新桥上亨利四世的雕像被改名为"革命者"，而以宫殿命名的卢森堡公园被更名为"穆修斯·斯凯沃拉"——一位传说中的罗马将军，他为了反抗酷刑的恐吓，在火盆里烤焦了自己的手。

当改名行动把注意力转向宗教时，各地无处不在的圣人名字就难逃被猛烈推翻的命运了，在那些冲突激烈的地区尤为如此。比如，从当地"联邦主义者"手中夺回的里昂西部乡村和城镇就被系统性地重新命名了：蒙布里松被改为蒙布里瑟（Montbrisé，意为"被摧毁的山峰"，因该地的反抗被镇压而得名）；圣波尔格斯被改为罗切-利博（Roche-Libre，意为"自由落体的石块"）；

圣汉勒-切特尔被改为贝尔-埃尔（Bel-Air，意为"好空气"）；圣约恩切瓦莱特则被改为蒙特马拉。

虽然这种横扫式的改名行为让那些认为它们标志着政治复兴里程碑的人感到高兴，但其他人，甚至精英爱国者也不太确定这究竟是好是坏。此前抱怨过民众"无动于衷"的那位坎尼官员写道，到1794年春，改名已成为当地村庄的一种"无序狂热"，人们"放弃无关紧要的名字，只为了用更无关紧要的名字取代它们"。[43] 这一趋势中隐藏的一个问题在于，这对乡村邮政业务造成了干扰。此后数年里，乡村邮政业务系统仍因地名不确定且未留有任何官方记录而十分混乱。对那些不只是暗自哀叹，还试图挑战这种做法（特别是以宗教的名义）的人来说，他们造成的后果是致命的。

* * * * * *

屠戮与回击

当"反基督教者"终于做好充足准备时,旺代的战争已经肆虐六个月了。这是一场充满了机动作战和小规模冲突的战争。不仅叛军没能夺取主要城镇,共和国军队也没能在农田遍布的乡村地区牵制住叛军。双方的怒火与懊悔最终都在大屠杀中爆发。在叛军一方,领导权逐渐从地方临时组织手中移交给更有名望的贵族,他们中有一部分是迫于士兵们的强烈要求才违背自己的初衷,承担这一职责的。这些贵族领袖认为,"保王党及天主教军队"应该集结成一支常规部队,像正规部队一样在开阔的战场上和敌人堂堂正正地战斗,而不是像游击队一样散落各处。正是这样的想法让这支队伍走向了覆灭。

在共和国军队这边,整个夏天他们都被巴黎无套裤汉的行动支配着。在通过政治手段控制了中央军部之后,哥德利埃俱乐部激进派成员并没有以作战能力为标准任命将领,他们看重的是忠诚度和社会身份。比如他们任命的罗西尼奥尔就是一个毫无能力、爱使用暴力的酒鬼,他的存在激起了军队和特派代表之间的冲突,这也在相当程度上导致了1794年派系内部的自相残杀。

无能的领导加上国民警卫队和志愿军队里那些本身是无套裤汉的业余士兵,让他们遭受了一系列挫折和失败,这很容易就转化成背叛与恐慌,更加深了他们发动报复性屠杀的倾向。从1793年8月起,国民公会开始部署更多正规军队入驻该地区,并直接对共和国军队领导发号施令。在由此引发的战役中,旺代人先是试图占领一座主要城市以作基地,后又试图一路攻至诺曼底海岸,并期待得到英国人的支援，但他们没能等到。随着深秋来临，战争变得越来越像逃亡与屠杀。

10月，国民公会发言人贝特朗·巴雷尔将所有"十到六十六岁的"反叛分子统一描述为"强盗"，而他们的女眷则是"侦察兵"，并总结说"这片反叛的土地上每一个人都是武装叛乱分子"。而这句话，根据3月制定的法律，意味着他提到的人全都会被处以死刑。1793年12月23日，保王党及天主教军队和相关妇女、儿童共计十万人，被围困在卢瓦尔河北岸的萨沃奈。韦斯特曼将军自豪地向国民公会报告说："我将儿童置于马蹄下碾过，屠杀了妇女，好让她们再也不能生下更多强盗……我们不抓俘虏，因为他们会消耗属于自由的面包，怜悯之心不是革命的一部分。"[44]

这种骇人景象的影响可以通过韦斯特曼那类领导人承受的巨大压力看出来，他们急于证明自己对共和国事业忠心耿耿，因为他们知道还有数十名高级军官也遭到了逮捕，有的甚至已经因为军事上的失利而被打成反革命分子，送上了断头台。但是，发生在旺代人身上的屠杀也没有丝毫虚假。另一名非常内行的将领杜罗组建了"地狱纵队"，在反叛军核心领地里随意屠杀那些被他们主观判断为"强盗"的人，这场屠杀持续了整个冬季。

1793年，下卢瓦尔省一座叫蒙特贝尔的村庄里有十一人死于为叛军而战。1794年2月11日，一支地狱纵队清洗了该村，屠杀了七十二人，包括四十九名妇女。两周后，另一支纵队又杀害了六名男性和十四名女性。在接下来的几个月里，巡逻部队一次又一次返回这里，抓住几个惊恐的居民。男人就地被射杀，妇女则被带进附近的森林，之后人们会发现她们死在了一起。此处有超过一百七十五起屠杀事件记录在案，并且像这片被踩躏的土地上很多其他地方一样，大屠杀的幸存者受到了流行病侵害，这些疾病造成的死亡人数和屠杀本身造成的人数几乎一样多。

最终的伤亡人数永远不会为人所知，但据估计有多达二十五万叛军和当地人丧生，其中包括未受控制的传染病造成的死亡人数，而共和国军队一方的死亡人数也多达十万。旺代叛乱只是恐怖统治时期法国面临的内战中的一个方面。在罗讷河谷上下游两岸的高地上，联邦主义思想和业已存在的宗派冲突结合在了一起，并且随着流亡贵族在东部地区的煽动，更多激烈而野蛮的争斗还在发生。

初秋，共和国重新把里昂和马赛纳入版图，但马赛的守军逃到了土伦的海军港口，在那里，他们做了会出现在每个无套裤汉的偏执幻想里的事：邀请英国皇家海军和一支流亡国外的分遣队保护他们免受雅各宾派的报复（为此他们把法国的地中海舰队拱手相让）。随后，对这座军港的围攻一直持续到12月中旬，直到年轻的炮兵军官拿破仑·波拿巴指挥了突迫性进攻，攻入了港口要塞，迫使英国人仓促撤离，任凭当地人自生自灭。

土伦同里昂、马赛以及其他重新被共和国夺回的重镇一样，

下页图
《勒芒战役》（*Battle of Le Mans*，让·索里厄，1852年），19世纪的一幅画作，对旺代叛乱后期最具军事色彩的阶段做了夸张的描画。

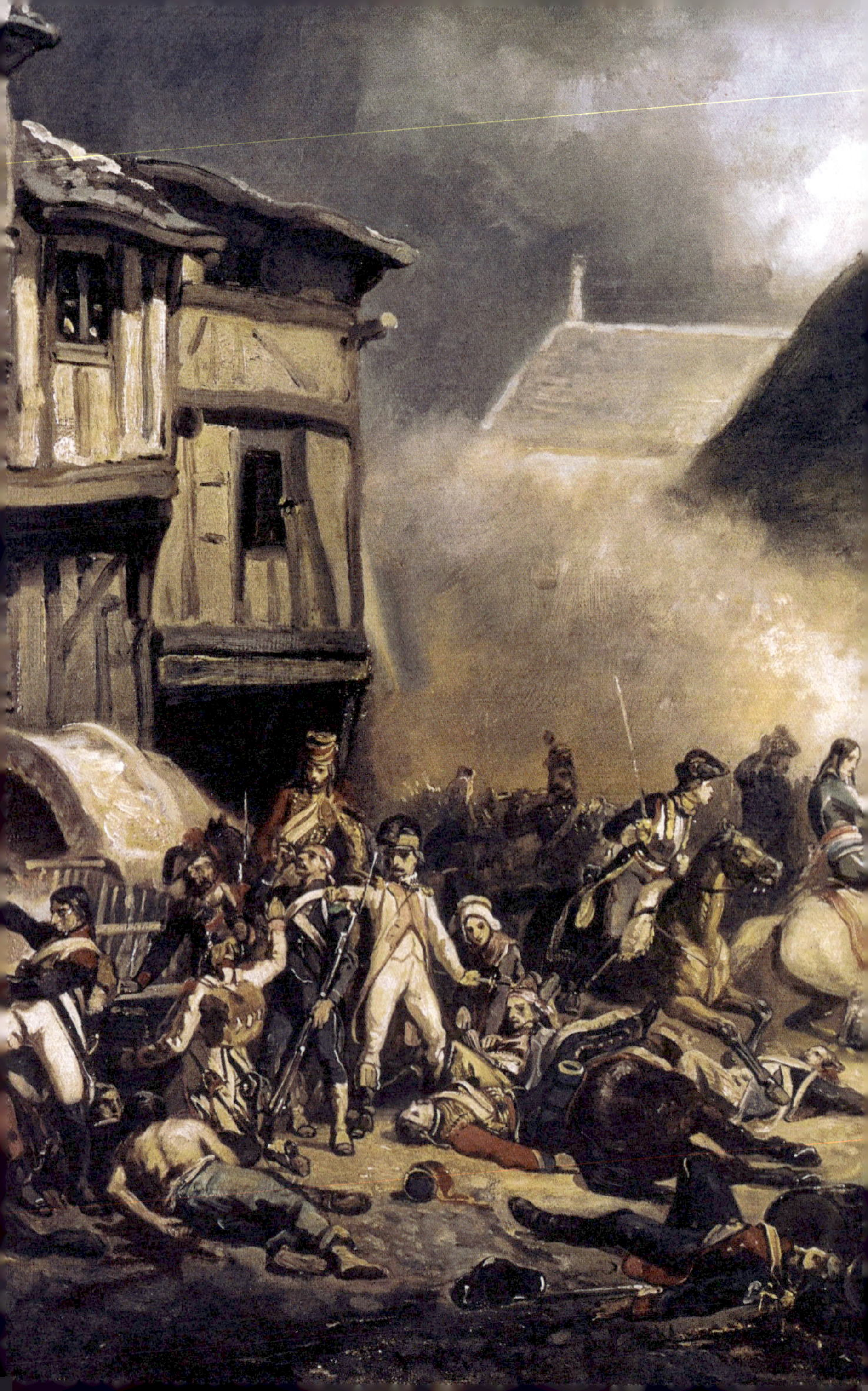

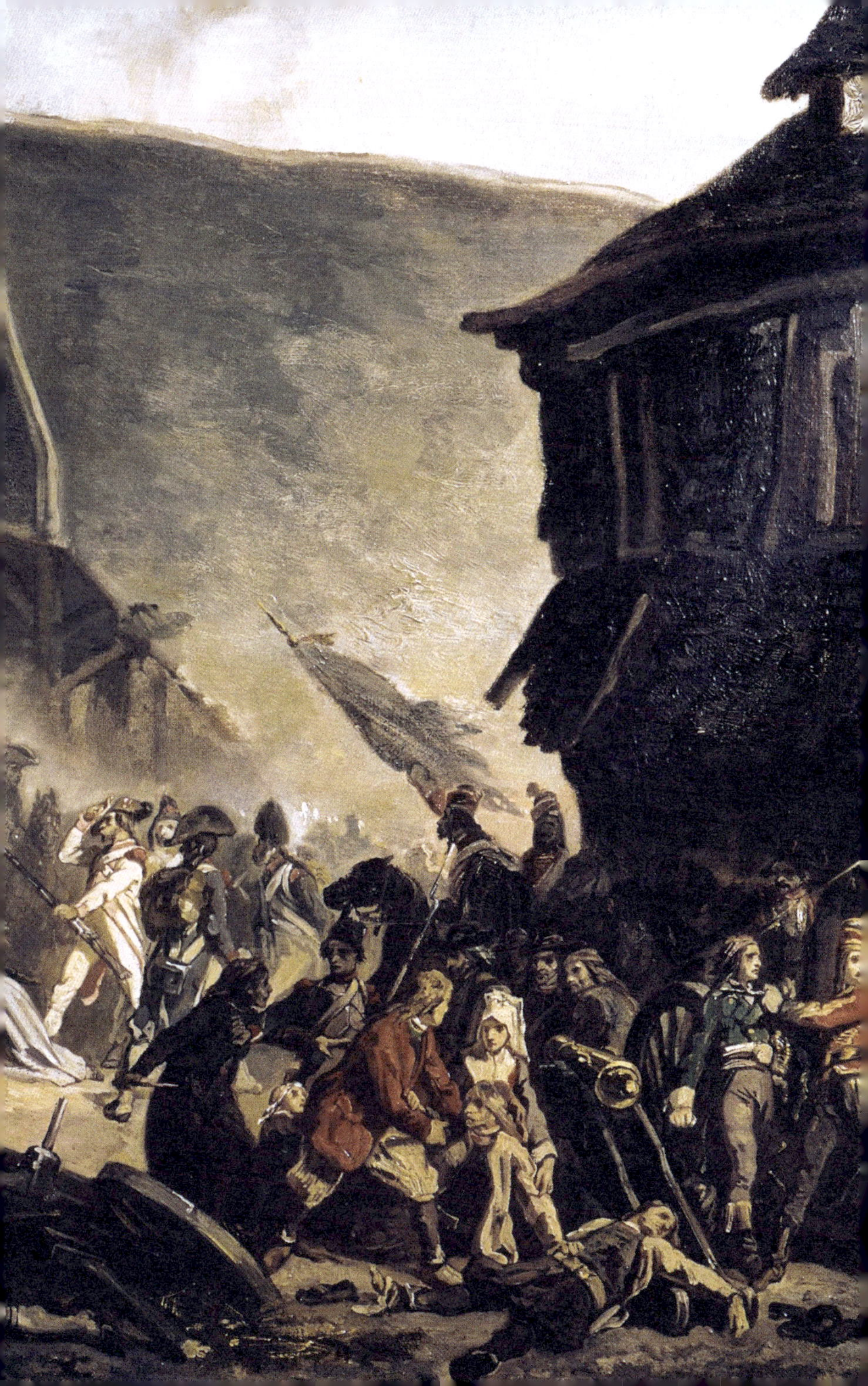

受到了革命司法的严厉制裁，特别设立的革命法庭将叛乱分子当场定罪，并处以死刑。全国范围内有上千起这样的处决，如果算上所有没能实际开庭的即决审判，可能有多达三万到四万人被处死。雅各宾派的言论继续坚持主张自私的社会精英在叛乱中处于领导地位，但也带着一种近乎种族歧视的贬低色彩：10月，一名代表评论里昂说，"这里的人天生愚蠢"，并指责当地河流升腾的雾气让人"头脑迟钝"。[45]

年底，第二批代表被派去加强对里昂的镇压，他们宣称"这座城市没有无辜的人"，除了那些实际上已经被联邦主义者关起来了的人之外。[46]革命法庭最终处决了一千八百人，约占当地总人口的百分之一点五。在土伦，有八百人被处决。无论在哪个地方，被处决人名单都显示出了叛乱行动参与者的跨阶级性质。在马赛，有十八名批发商、十名律师和四十二名各类财产所有者被处决，和他们一起的还有三名面包师、三名屠夫、一名木匠、十一名办事员、十八名农民和市场园丁、两名帽匠、一名报纸小贩、五名鞋匠、三名裁缝和一名熟练制糖工。

残忍的大规模处决当然是恐怖统治时期极端的例子，但这种动员实际上已经蔓延到法国的各个角落。那些足够精明或者足够顺从、轻而易举就屈服于特派代表和民事专员的村庄仍被要求提供数量大到不合理的人丁、粮食和军事物资。为了在遭到严重破坏的情况下养活人民，即使产量充足的地区已经被迫以受到限制的价格将粮食运到城镇，乡村仍然普遍实行了粮食定量配给制度。

随着人们被要求更加积极地接受共和国越发具有侵入性的意识形态，埋头苦干本身也变得更加艰难。每个官员都处在其他人的密切监视下，而他们则给任何发出一丝一毫不满声音的人立刻扣上反革命帽子，以此作为回击。即便对那些在一定程度上还保有真正的爱国情怀的人来说，仅凭纯粹的机械劳作也不可能满足巴黎的需求。仅在1793年的最后一个月里，中央政府就向各地发放了十三次、共计三百项不同的行政命令。一沓又一沓的纸张，足以吞没人们残存的理性。

我们无法确切得知大多数乡村居民对这一切反应如何，因为所有人都深知直言不讳会带来极其危险的后果，只有谴责这种异议才会留下书面记录。跨越1793和1794年的那个冬天，佩里戈尔的一名贫穷佃农——让·伯纳德，在愤怒地和人讲述自己因指券变得一文不值而前往当地教堂，扯下了门上贴的几张官方告示的事，并说"我需要一些钉子来钉鞋，还需要一些纸来擦我的……"（记录便是如此）之后，被人送上了法庭。[47]他之后的命运不为人知，但在恐怖统治期间，这种对心怀不满的农民发起的审判有数百甚至上千起之多。

我们可以从来自多尔多涅省罗曼-科勒村的农民兄妹莱昂纳德·梅纳德和波勒·梅纳德的命运中看到当时的农民遭到了何种蛮横对待。这对兄妹在和一名当地官员的无聊争吵中，从他手中夺走了一些文件，并对因共和国的要求而施加在自己身上的重担表达了失望且厌恶的心情。最终他们被一路送往巴黎的革命法

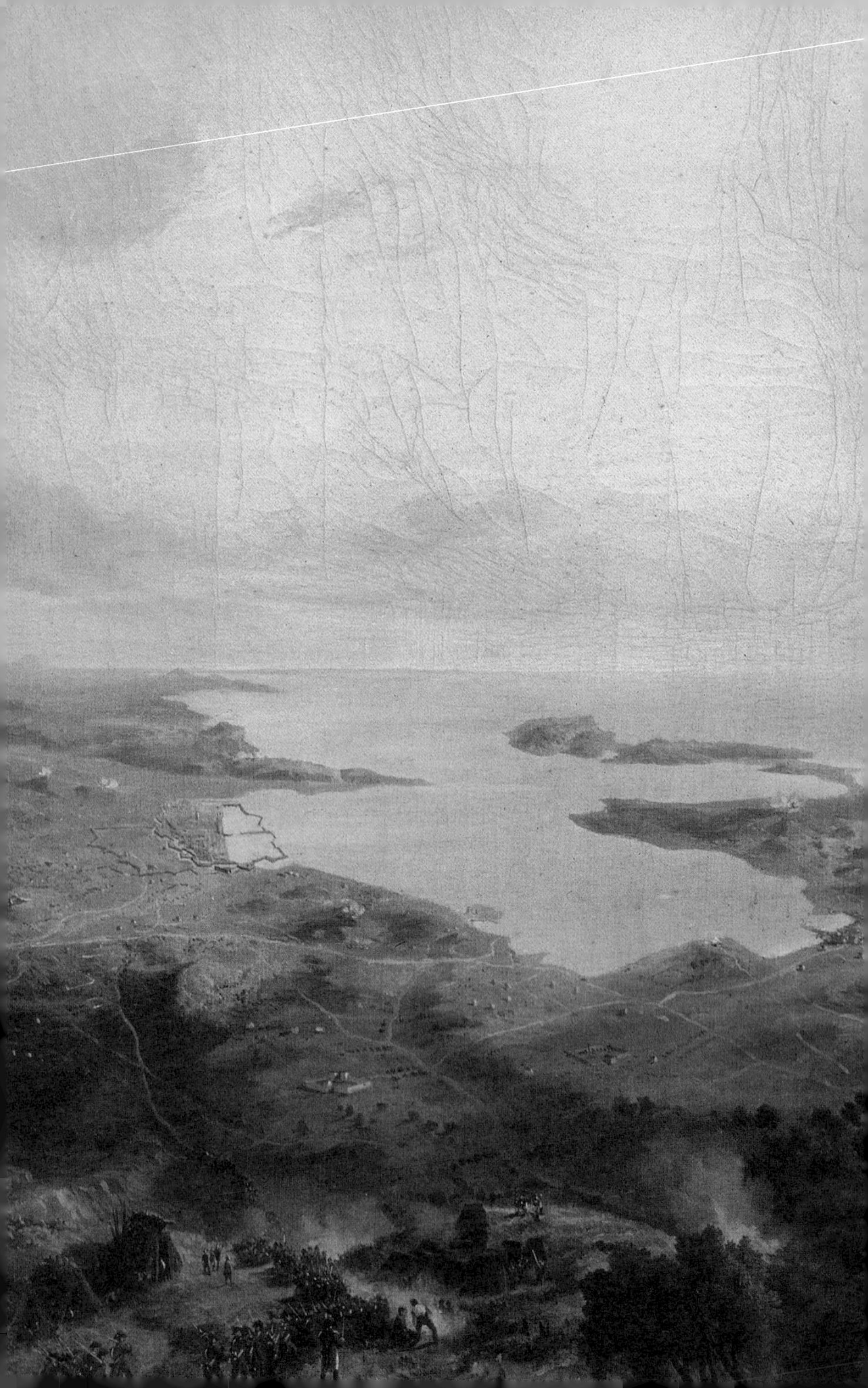

庭，并在罗伯斯庇尔倒台前十天被送上了断头台。有时，无声地表达自己的观点更明智，正如上卢瓦尔省圣文森特的女性居民们在1794年6月的一天做的那样。她们被命令去当地教堂，聆听一名官员关于上帝的演讲。在他准备开始讲话时，女性们集体起立、转身，向他展示自己裸露的臀部。这在当地形成了一股为期虽短，却让政府无可奈何的风潮。

* *. *

如果我们选择将恐怖统治时期表面之下的真实情况，即从引发旺代叛乱的征兵要求，到清洗所有被怀疑妨碍国防事业进步的人这一系列事件，看作战争时期的紧急状况的话，那么我们必须承认，这些策略在整体上是有效果的。到1793年底，无论方式如何，法国境内所有那些脱离中央控制的地区都回归了，或者说，至少当地居民的抵抗已经被镇压到了和普通寻衅滋事无异的程度。

多亏了全民皆兵政策以及特派代表们花费的巨大精力，法国此时正在组建一支近八十万人的军队，是以前任何时期军队人数的两倍之多，还设法（尽管很勉强，但也很不一般）给他们配发了衣服和武器，让他们做好参战的准备。而法国共和国的意识形态（它锋利的边缘曾剔除了如此多的人），也被证明为驱动个人追求与自我牺牲的强大引擎。

铺天盖地的宣传演讲、公开展览、戏剧创作，甚至成千上万

以理想化的鸟瞰视角描绘的土伦之围场景（让-安托万-西梅翁·福特，1842年）。

份小册子和报纸，围绕着1793年入伍的士兵形成一股旋涡，并和他们在家书中流露出的情感产生了共鸣。一名叫皮埃尔·科欣的士兵在从北方前线寄出的家书中写道，他们的战争是一场"反对专制的自由之战。我们将毫无疑问地取得胜利。一个正义且自由的国家是不可战胜的"。来自安德尔省的加布里埃尔·布吉尼翁在家书中说，他"宁愿战死一百次，也不愿向敌人让出一寸领土"，他和战友们将捍卫他们的正义事业，"直到流尽最后一滴血"。[48]

1794年，当士兵们一次次地冲向敌人的防线，并取得了惊人的突破时，"自由、平等、博爱，或是死亡！"就绝不仅仅是一句空洞的口号。一名来自汝拉省东部乡村的志愿兵弗朗索瓦－泽维尔·乔利克莱克在给父母的信中说，不要对他奔赴前线感到懊悔，相反，他们应该为他高兴，因为"要么你们会看到我沐浴在荣耀中归来，要么会证明你们的儿子是一个为了法国国防事业而捐躯的值得尊敬的公民"。[49]这种纯洁的信念或许在士兵中间还很容易维持，特别是胜利接连不断时，但想把它融进更为复杂的平民生活就很难了。

诞生自1789年以来政治领袖们的频繁背叛的雅各宾派，即共和主义的"恐怖分子"，因为过度追求透明的政治道德这种几乎不可能实际展现出来的品质而不断消耗自己。1794年夏天，它留下了一群各类人等混杂的政治幸存者，其中许多人在此前几个月

这是共和国时期图像的一个例子，灵感大量汲取自古罗马风格。这幅图片由特伦布莱公司绘制，这家公司还是埃贝尔《杜歇老爹报》（*Père Duchesne*）的原始出版商。

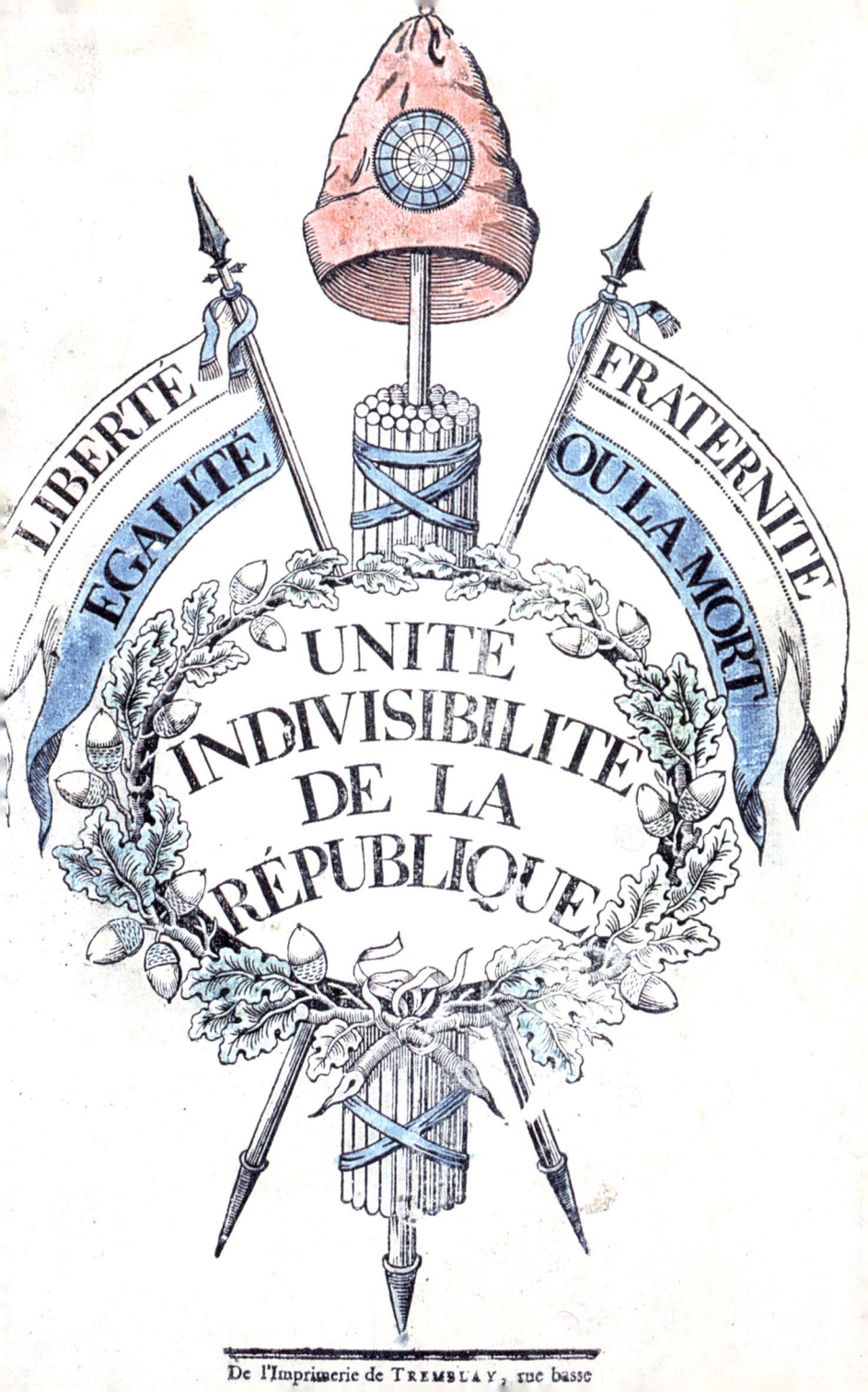

LIBERTÉ ÉGALITÉ FRATERNITÉ OU LA MORT

UNITÉ INDIVISIBILITÉ DE LA RÉPUBLIQUE

De l'Imprimerie de TREMBLAY, rue basse

还在一直积极迫害持不同政见的普通百姓；它还留下了一套激昂的言辞，将"恐怖主义"中最具破坏性的元素同普通民众和他们认定的无套裤汉形象联系在一起。这意味着，尽管恐怖统治在许多方面给法国带来了灾难，但对大多数在这个已经近乎崩溃的国家中挣扎求生的人来说，热月政变时代的"反恐"运动并不值得期待。

* * *

长期以来，人们已经习惯将"恐怖统治"与对社会正义的追求联系起来，将"热月政变"与回归保守的寡头政治联系起来，而无论对左派还是右派而言，这都是一个有利的论调，因为他们可以根据自己想宣扬的观点随时调整风向。可真相，一如往常，更为复杂。山岳派在他们于1794年通过的"风月法令"中提议，将没收的土地重新分配给"贫穷的爱国者"，但他们从未成功实施这项计划，甚至没能定义"贫穷的爱国者"到底是哪些人。这很容易让人怀疑，实际上得利的是那些一意孤行、墨守成规的人，而他们那时还在许多其他权利中捞到了好处。

几个月后，山岳派还发布了"国民福利大册"，并以此为依据给寡妇和老人发放了有限的补助，但这充其量是教会慈善救济的肤浅替代。这种计划是在一个对未来生活更广泛的幻想里的组织中进行的，它应了反宗教者口中对教会行使任何权利去做的任何事的指责，企图从根本上支配人们的思想和行为。事实上，1794

年6月初,罗伯斯庇尔建立了"至上崇拜教",并组织了大规模庆祝活动。他和他的伙伴们希望能整合超自然神性的明确力量,以加强新历法中庆祝游行活动包含信息的教导性。

他们还掌管着一个可以无情粉碎底层人民异议的体制。无套裤汉运动虽然存在种种缺陷,但确实与巴黎底层人民的感情保持着联系。引导无套裤汉运动在1794年春天走向失败的紧张局势之所以爆发,原因之一就是人民对限价制度的效果感到不满,黑市交易十分猖獗。1794年2月和3月,巴黎民众爆发了对物价的抗议(这是多年来的第三次),因为他们无法用法定允许的价格买到黄油、鸡蛋以及其他商品。山岳派对此的处理方式是提高法定价格,同时,令人费解的是,他们开始计划强制下调工资率,好像这样就能以某种方式达成一种新的平衡似的。

到4月,当局依据1791年君主制时期制定的法律,禁止了工人的抗议行动。作为运动领袖的面包师、泥瓦匠、烟草工和其他职业者被认定为危险的破坏分子,因而遭到逮捕。在首都新兴的军事工业以及散布在全国各地的工厂里工作的成千上万名工人,实际上受到了军事纪律的约束,被迫依靠政府定量配给的工资过活。

强制推行共和历,这件事本身就象征着山岳派对待工作和工人的态度,其最直接的实际后果是在连续九天不间断的工作后只

下页图
《热月9日》,19世纪中期一幅描绘了国民公会反对罗伯斯庇尔的场景的画作(*The Ninth of Thermidor*,雷蒙德·昆萨克·蒙沃伊辛,约1840年)。

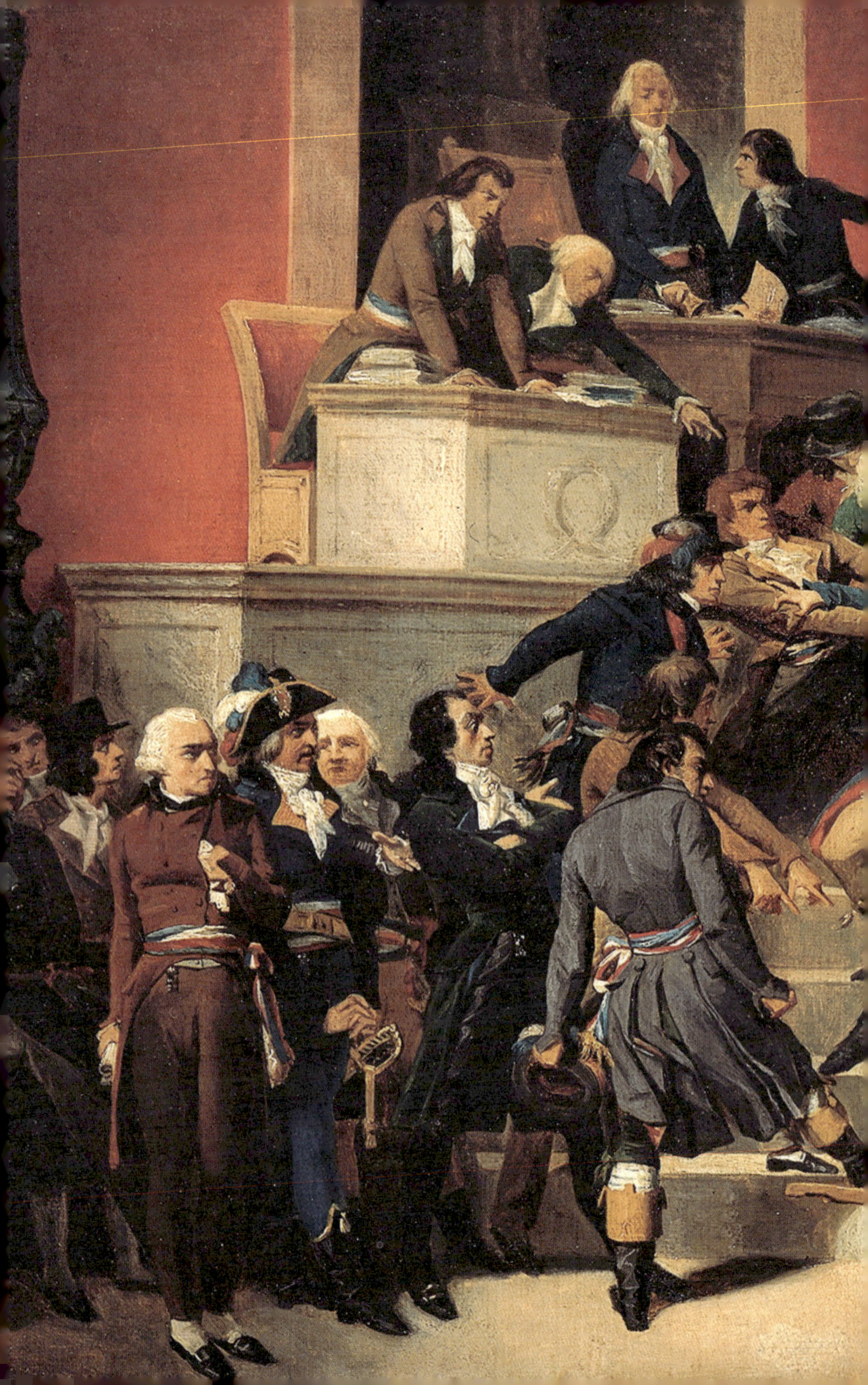

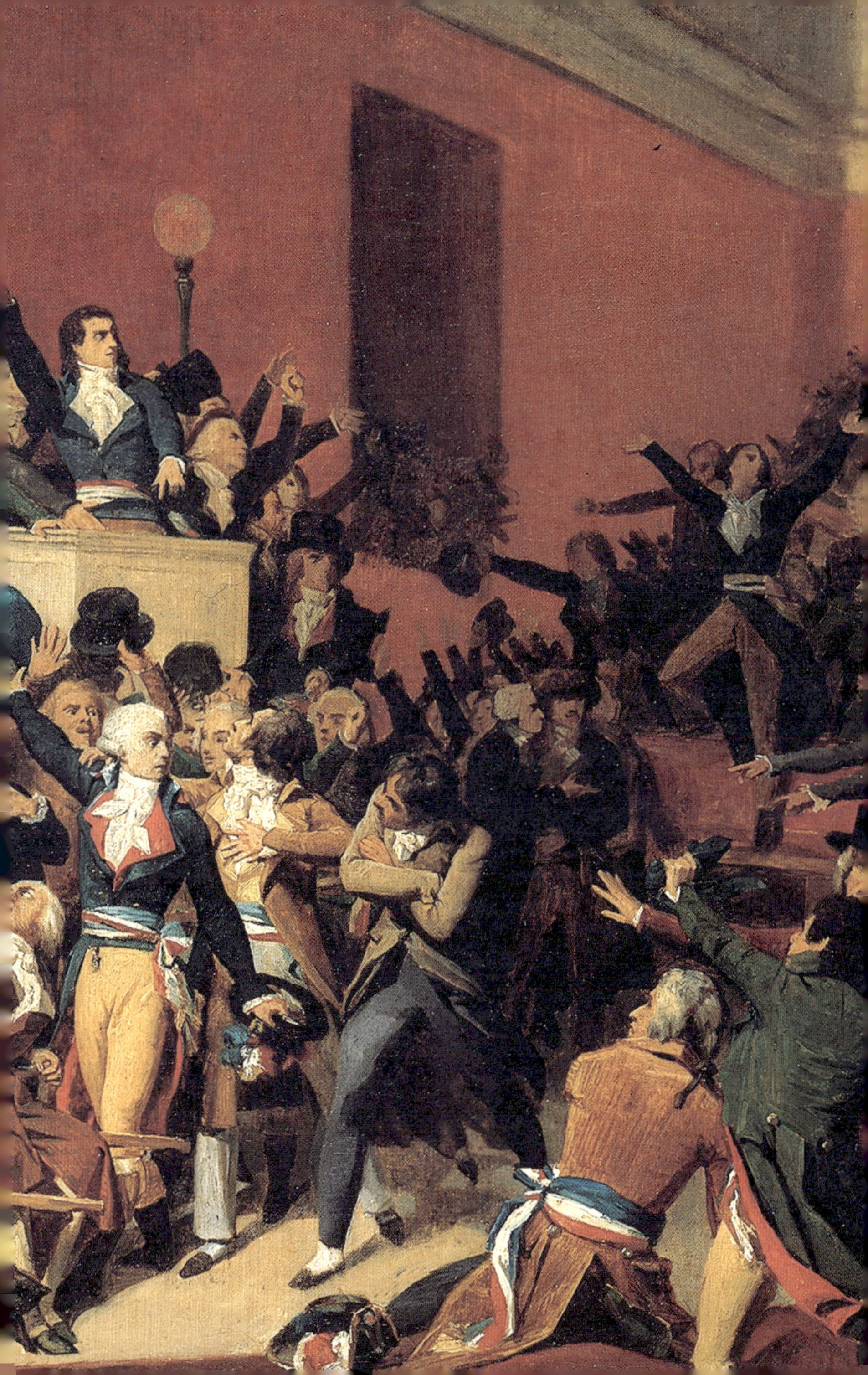

有一天时间休息（通常这一天人们还不得不参加一些强制性活动）。天主教历法每年给工人们大约一百个休息日（大致相当于现代的周末双休天数总和），而雅各宾共和国却指望用区区四十天打发他们。

7月下旬，罗伯斯庇尔和他的同僚们在民众对进一步限制工资发起的新一波抗议风暴中被送上了断头台。人群咒骂"浑蛋马克西米连"，并在两周后得到了工资标准提高百分之五十的奖励。但到10月物价也大幅上涨，1794年12月24日，新组建的政府发出了前进方向重大转变的信号，完全放弃了对物价的限制。

这一转变象征着这个政权在右倾过程中找到了最稳固的政治立足点。政府为吉伦特派平反、释放大量反革命嫌疑犯，并把山岳派的经济政策看作受到无套裤汉运动非法胁迫的结果。几个月以来，无套裤汉首次被贴上了"恐怖分子"的标签。

热月党仍在向城市提供面包和肉类，虽然数量逐渐减少，直到最终少得可怜，但限制物价的结束无疑是对民生冷漠无情的表现（如果再加上那种盛行的认为市场可以自我修复的愚蠢乐观主义的话）。它没有考虑到此前两年的内战、紧急动员、受通货膨胀影响变得几乎一文不值的指券和持续战时封锁这些因素造成的绝对经济破坏影响有多深远。

然而最重要的是，这一切发生的时间恰逢严冬降临，这是一个和1789年一样残酷的冬天。农民的播种已经因普遍的破坏而减少，他们也不愿意再种可能被"恐怖分子"没收的多余作物。转年的秋雨又摧毁了一部分保留下来的庄稼，再之后的大面积冰冻阻断了道路和河流运输。最后的结果是一场名副其实的饥荒。

由于木柴进一步严重短缺，城镇和乡村都遭受了惨烈的损失。自杀事件在巴黎变得极其普遍，以至于当局为了避免造成恐慌而压制了相关消息。在冰雪覆盖的北方地区，老人干脆走进农田里等死。饥饿的母亲也产不出奶给婴儿。到仲冬时节，鲁昂的死亡率已经翻了一番，到1795年下半年，因为长期营养不良使本已虚弱的人情况恶化，死亡率又增加了一倍多。在接下来一年甚至更长一段时间里，由于长期的饥饿扰乱了女性的生育能力，法国的出生率直线下降。

随着冬去春来，某些方面只会变得更糟。巴黎的面包配额已经削减到每天不到两百克，工人们不得不用实际价值不到面值百分之十的指券购买更多的面包。到1795年3月，自由市场上面包的价格已经涨到其长期价格的十倍，到5月份则飙升到了一百五十倍。这时候，除了富人之外没有任何人还会幻想自己买得起面包。巴黎人已经受够了。

3月，未经协调的民众自行发起了游行和抗议活动。4月初，这演变成对国民公会的大规模入侵，人们要求"面包和1793年宪法"。后者是山岳派提出的标志性民主政治纲领，已经被无限期停用，直至"和平来临"（显然还没有）。很容易被军事力量驱散的巴黎市民在又忍受了六周的物资短缺之后，除了绝望地恳求共和国团结一致之外没有任何提议。此后，更深的绝望导致了更具威胁性的动员，在民众尝试冲入国民公会的议事厅时，一名试图阻止他们的公会代表被杀死。

国民公会仍然在激进言论中受到崇拜，因为人民缺乏对任何可能替代国民公会的权力机构的认知。"牧月起义"是无套裤汉党最后的喘息，却随着当局的抵抗而消弭。这次起义在给一些幸存下来的更激进的山岳派定罪这件事上行了方便，他们现在和巴黎地区残余的无套裤汉一样，遭受了灾难性的清洗。

全法国范围内，对付"恐怖分子"的努力与一场公开的反革命复仇相交叠，在罗讷河谷中心地带造成了一系列特别惨烈的大屠杀事件，这是一场"白色恐怖"。虽然这造成数百人死亡，但有多达十万人因强制谴责"恐怖分子"而被逮捕、监禁，其中大多数人被判处"终身剥夺公民权"——这意味着这些人是无法承担公民职责的不可信任之人。

这些进程使一些人持续遭受迫害，在承受几十年的歧视和边缘化之后，其中一些人生命走到尽头，而另一些人却设法从中逃脱了。"马拉"·柴克斯在1793年恐吓了洛尔梅地区人民，1794年初，他作为应被清洗的"埃贝尔党"的一分子遭到山岳派特工逮捕，但在热月党执政后他恢复了自由，再次以地主身份生活，并且在受到他人质疑时，毫不畏惧地在信函中为自己辩护。在其他地区，那些一直顺从地戴着激进主义面具的人发现，他们轻而易

这是1796年雕刻师约瑟夫·胡宁创作的讽刺作品，描述了热月党执政时期法国高额指券的泛滥，其结果，正如画作中心人物表现的，只是人民穷到只能上街乞讨罢了。

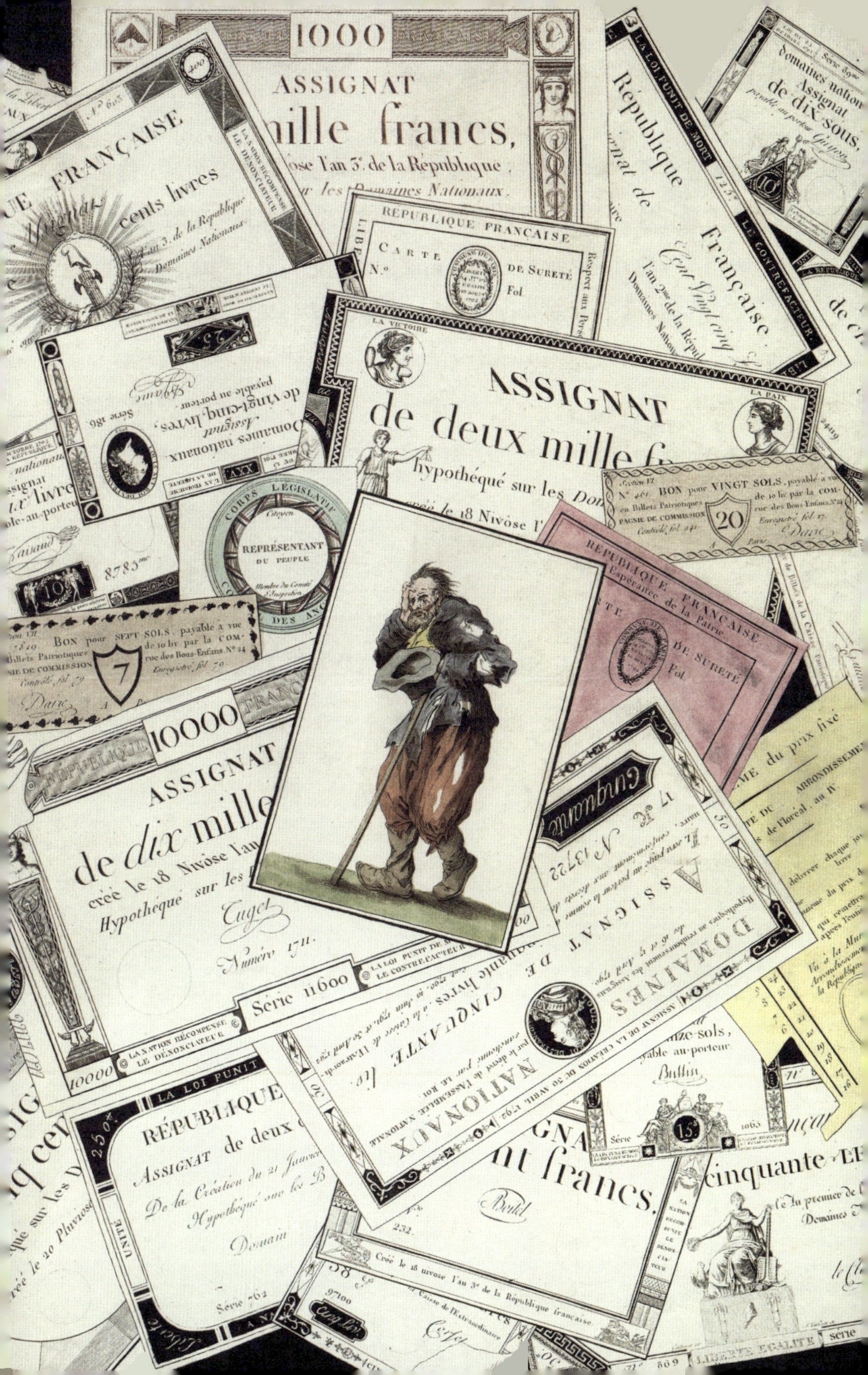

举地就能摘下面具,宣扬法律和秩序的价值。最重要的是,这正是当局在这个十年剩下的时间里试图实现的,但那些年的情况也表明持续数月之久的派系冲突给法国留下的伤痕有多深,以及想兑现任何一个在1789年许下的承诺有多困难。

10

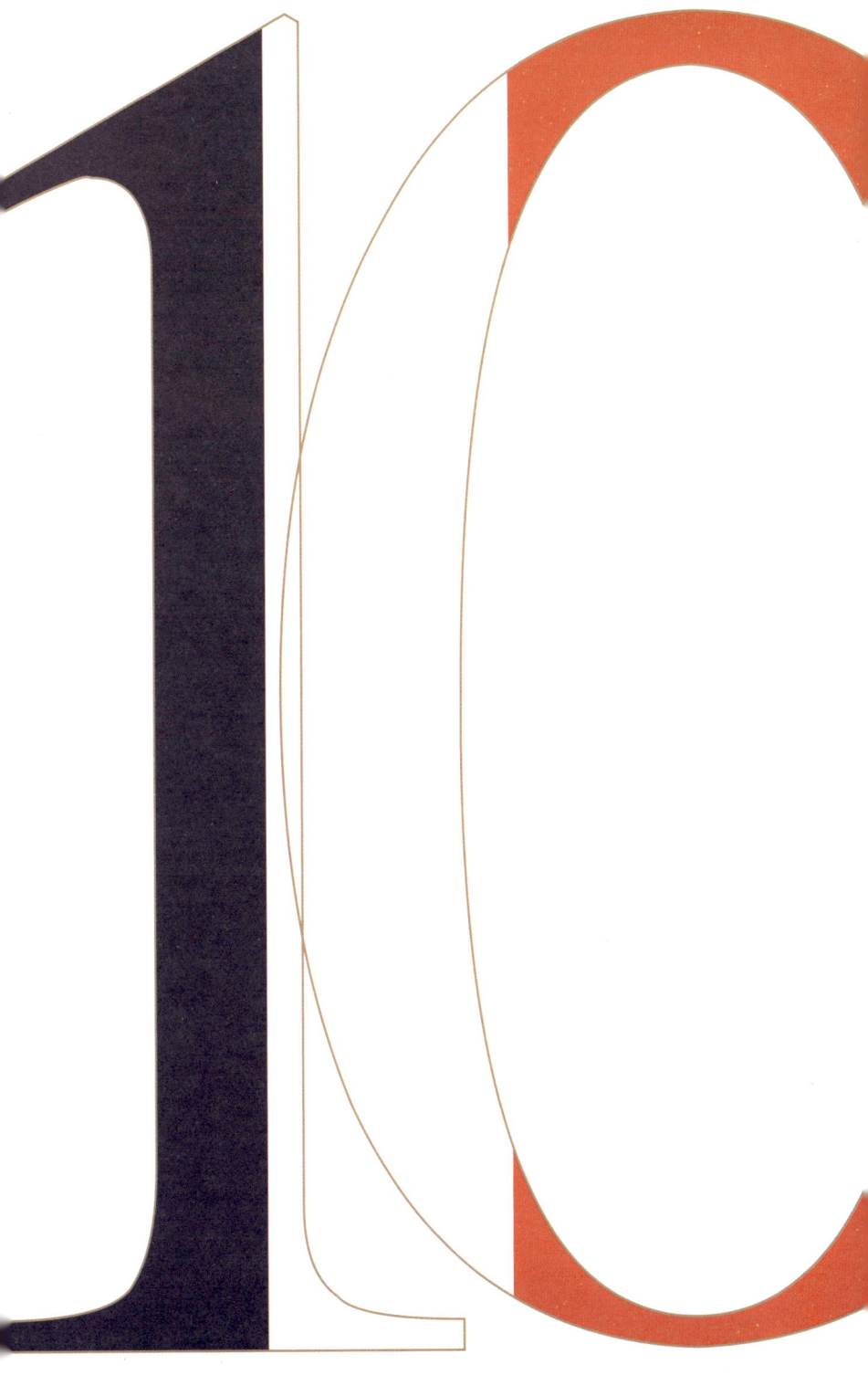

* * * * * *

前进，回望

1795年夏天，热月党接管的国民公会起草了一部新宪法，并在秋天开始执行。一方面，这是一种合理且平衡的国家制度建设模式，但另一方面，这不过是一个荒诞的四不像而已。新宪法设立了两院制立法机构和有意分散权力的行政机构，还建立了五人制的"督政府"，以国家元首的角色监督各部长。立法机构成员每年由纳税人投票选出，成员内部再选出轮流任职的"议长"，因此，没有任何一个权力集团能够稳坐中央。然而，所有这一切都是依靠一条法律才得以实现，即新立法机构中三分之二的席位最初将由现存的国民公会代表占据，因为他们不相信这个国家能够自主选出合适的人。

实际上，支持这种自由主义结构的基础极其薄弱。巴黎的一个右翼反对派正逐渐向"保王派"发展。1795年10月，他们掀起一场暴动，表达对被新体系排除在外的不满，最终不得不由波拿巴将军的军队出面平息骚乱。仅仅几周后，首都的左翼势力开始在前封建律师巴贝夫周围集结起来。整个冬、春两季，巴贝夫一直在制订激进政变计划，计划越来越周密、详细，直到他于1796年5月被围捕。

自从1797年开始一年一度的选举计划正式施行以来，每轮选举都受到了来自国家的强烈干预，以避免国家政治立场"危险地"左倾或右倾。政府会不时终止集会、宣布选举结果无效，还实施了数十次的政治逮捕。这些举动本身就被广泛理解为政府针对全体选民的一次次政变。

这个受人指挥的共和国最初和最后的手段是公然实施武力镇压，通常依靠军队。它的诞生依靠恐怖统治时期的军事胜利，还继承了一支规模庞大且久经沙场的军队。这支军队在1794—1795年曾横扫荷兰和莱茵兰，不仅征服了荷兰共和国，还迫使普鲁士割让利益以求议和。法军在比利牛斯山脉周围的战绩过于骇人，以至于1796年感到威胁的西班牙不得不改变阵营，转而对抗英国。在同年及次年，波拿巴将军率领军队攻入意大利、击垮奥地利，只留下一场与英国的海战以及来自俄国的遥远威胁，来证明继续动员的正当性。

一个强大且持续扩张的法兰西共和国（直接吞并了比利时、莱茵兰和阿尔卑斯地区）以及从荷兰到波河流域一带顺从的"姐妹共和国"的建立，赋予了督政府在其他情况下无法在内部取得的正当地位。督政府还（或许更果断地）以牺牲当地居民的利益为代价，允许军队在其他国家的领土上持续驻扎，并向法国国库提供大量从战争中直接掠夺来的战利品，从而减弱了国内财政和金融秩序崩溃造成的影响。

放弃恐怖统治时期对物价的管控让指券的高度通货膨胀死灰复燃。随着指券价值暴跌，督政府以禁止提前用这些贬值的纸币偿还贷款、允许地主要求以实物形式支付一半租金等法令展示了自己的社会同情心。它还试图以同样方式收取一半的土地税，虽然依照惯例本来也几乎没人交税。仅1795年末的一个月里，国家就印发了面值超过八亿里弗尔的指券，印钞工人的罢工威胁差点儿演变成政治危机。指券最初发行是为了偿还约十亿里弗尔的国债，而到1795年底，印发出来的指券总面值已经超过了四百五十亿里弗尔。

虽然国家可以向债主手里塞上一沓沓的纸，但所有这些混乱让普通民众回归到只能以物易物，或是由于零钱流通不断减少而只能讨价还价的生活。这个问题持续了许多年。1796年3月，一种新纸币，即土地信用券发行，设计上它拥有与土地价值挂钩的固定价值，然而到7月，它的"固定"价值崩溃了，并在通货膨胀中渐渐贬值，最终在1797年2月被废弃。经济复苏最终始于重新引入旧制度时期最为人厌恶的税收制度，因为这些税针对的是无法避免的物品和交易，包括1798年的一项特别烟草税。挽救了经济的还有事实上的国家破产，而这正是革命爆发时一直想要避免发生的事情。三分之二的国债被转移到新的债券上，而后者的价值很快就蒸发了。

这些年里总体经济形势同样混乱。殖民贸易和其他海外贸易作为20世纪经济增长的主要支柱，由于海上封锁而陷入瘫痪，法国在"姐妹共和国"中的市场垄断地位只能对此局势略做弥补。靠整个地区的纺织品贸易提供工作岗位的城镇和村庄，有时会变成字面意义上的"一片废墟"，而其他地区只承受了经济上的破坏。在整个法国，活跃的纺织机数量几乎达不到1789年前的一半，甚至三分之一。督政府通过新的、由国家资助的精英机构促进高端科技创新，但将其转化为新兴产业则面临着资本严重匮乏和意

前进，回望 191

图保护手工业而破坏机械的卢德主义的双重阻碍。

这些年来普通农民的痛苦生活也一如既往,村民们在混乱崩溃的现实和近乎幻觉的共和文化之间逡巡。在个别村庄层面上来说,从不间断的农业工作仍在继续,许多地方由家庭、氏族和世仇组成的地方政治也同样延续了下来。有项研究调查了六个村庄,它们之间截然不同的情况说明了这个时代存在的多种可能性。

南部的两座村庄,罗克洛尔(图卢兹附近)和阿兰(马赛以北),被一个在1789年以前在地方执政过、持有土地的农村精英垄断了,这种情况持续了整个18世纪90年代。随着国家局势变化,这两座村庄也建立、解散了各种议会和协会,但行政记录上总会出现相同的姓氏。没有任何证据表明这两座村子那些更贫穷的邻居有任何反对意见。阿兰的团结可能由于当地居民和(前)领主之间持续不断的法律纠纷而得到了巩固:这场争斗始于1785年,经历了六个独立阶段,一直持续到1818年。[50]

还有两个村庄,布列塔尼北部的沙泰洛德朗和法国中央高地南坡的圣奥尔班,受到当地从事法律和商业的阶层控制。布列塔尼人的村庄相对来说更难被分裂,这十年来的创伤似乎已经淡化,生活方面几乎也没受到什么物质上的扰乱。然而,圣奥尔班却因为发生在管理封建领主权力和财产的不同家庭间的派系斗争而四分五裂。恐怖统治期间一份没有具体日期的、来自他们更贫穷的邻居的陈情书中哀叹道:"旧制度的代理人……试图以新的形式繁殖自己,并给我们带来比以往任何时候都更多的麻烦。"

特派代表在政治和财政事务中发现了存在系统性欺诈和渎职行为的证据，并逮捕了一些有嫌疑的人，但在当时动荡的政治局势中，这些指控似乎没能成立。1796年，上级政府指出，任何从该村传出的信息都必须谨慎处理，因为那里"仇恨根深蒂固，经常爆发派系冲突"。不过这种冲突并没有阻止分裂的精英阶层继续维持对地方的控制，掌权者都拥有同样的姓氏，这种情况一直延续到了下个世纪。[51]

18世纪90年代初，洛林的讷维莱尔村在当地教士和新自治政府僵持不下时，也受到了类似的派系冲突威胁，但这场冲突似乎因为教士们移民国外而得以平息。得益于将一些公共土地重新分配给穷人的策略，当地土地所有者和高级工匠成功撑过了恐怖统治时期。最后，凡尔赛附近的维勒普村是六座村庄中唯一发生了激烈社会变化的。维勒普村最初由富裕的佃农和批发商控制，在1790年和1791年的选举浪潮中当选的官员平均财富越来越少，到1792年底，精英阶层已经完全被当地的工匠（和一个傀儡农民地方官）取代。

在很多地方，许多变化只是口头上的，而在维勒普村，行政人员确实发生了变动。1793年初由领工资的工人和工匠共同组成了新监督委员会。他们与凡尔赛地区的领导人展开了合作，甚至在1794年努力为前王室土地制订了重新分配计划，尽管那份提案中提议以1英亩（约0.004平方千米）为单位分割的地块更像是花园，而不是可以耕作的农田。然而，所有这一切都没能在热月政变后的国家前进趋势中幸存下来。到18世纪90年代后期，一些最初掌权的纳税精英已经和一些从范围更广的王室领地抛售中获利的人一起，重新回到了权力中心。[52]

在这个土地持有持续数代人而不仅仅是几年的环境里，即使各个村庄努力恢复稳定秩序，它们仍然受到共和国中央转型愿景的影响。新的历法仍在使用（尽管"宗教自由"被宣布为私人信仰），此外，1795年引入的公制单位再次要求对人们进行精神上的清理。所有历史悠久的关于距离、面积、重量、体积的地方和区域性理解（这些概念对解决那些谁在收获时欠了什么庄稼、谁有权拥有土地上的什么东西之类的冲突来说至关重要）都被抹去了。当然，在现实生活中，那些需要每天思考这些事情的人头脑中仍使用着旧的观念，这在国家和人民之间又制造出了一条鸿沟。

或许在这些年里，最大的鸿沟来自共和国政府宣称法国是一个"伟大的国家"，设法让它回归世界舞台，而这和实际上整个国家法律、秩序和公共安全全面崩溃的现实毫不相称。法国军队或许规模庞大、不可战胜，但却没有任何机制能遣散在1793年的大规模动员中招募来的士兵，也没有（直到该世纪末）任何制度可以取代他们。部队里的士兵常常承受着极大的痛苦。1796年2月，骄傲的爱国志愿兵乔利奇勒克在与布列塔尼游击队作战时写信给母亲说，他们每天的口粮是"一磅半（约0.68千克）劣质黑麦面包"，"大多数士兵都没有鞋穿"。他恳求母亲想想办法，不然就只能看着他"在痛苦中死去"。[53]

不久后，乔利奇勒克在一次行动中受伤，他得以合法逃回家中，并在故乡又活了三十六年。另外一些士兵，比如跟随拿破仑攻入意大利的那些，他们的贫困最终依靠战争中取得的战利品得到缓解。但这些人只是少数，法国军队因此逃兵不断，而那些逃脱的人也被迫生活在法律的保护之外。1799年常规征兵开始，在接下来的十年里，法国大部分地区，特别是在中部、西部和西南部，至少有三分之一甚至三分之二的被征召士兵拒绝入伍。

许多逃兵和最初那些逃避征兵动员的人一样，在家庭和社群的默许甚至公开支持下生活，但即便如此，他们也时常面临遭到谴责的风险。那些缺乏这方面庇护的人有几个去向，其中一种便是公然成为反革命土匪。在法国西北部，随着恐怖统治的缓和，旺代的叛乱势力、布列塔尼和诺曼底地区范围更广的舒昂党游击运动死灰复燃。激烈的战斗最终吸引了规模庞大的共和国部队（1795—1796年的那个冬天有超过十万人）参战，他们彻底粉碎了第二次全面起义的企图。然而，零星的冲突在这些地方仍然存在，东南部也有类似的情况发生，就在这几个月里，保王派的土匪团伙袭击了从圣艾蒂安到蒙彼利埃的大片城镇。

其他逃兵则壮大了暴力罪犯的队伍，加入了那些因经济崩溃和救济制度失效而不得不干这一行的人的行列。很长一段时间里，18世纪90年代后期会作为一个充满恐惧的年代而被农村人民铭记。一些团伙继续打着反共和的幌子：邮政马车在运输途中遭到抢劫，马车里的公共资金被抢走，但平民没受到伤害；埃纳省的公共粮仓遭到突袭；国家财产的主要购买者被有针对地敲诈。或者像1796—1797年在德龙省发生的那样，人们嘲讽官方只会谴责，要求"解除武装"。这种有针对性的犯罪使地方上的人对罪犯没有过多敌意，同时也反映出了共和派精英让自己与人民群众脱节的程度之深。

然而，毫无正当理由的无差别暴力犯罪同样常见。在皮卡第北部地区，农民生活在"恐吓信"的恐惧中，信中威胁说会发生纵火和抢劫。在邻近的一大片地区，犯罪团伙以其"加热"行径而闻名：他们用火"加热"受害者的脚，直到受害者交代清楚自己把值钱的东西藏在了哪儿。其中一些团伙扩张成真正的私人军队，1795—1797年，在北部边境地区游荡的赛伦布里耶帮成员超过了六十人。1799年，在巴黎南部的厄尔-卢瓦尔省制造事端的奥热尔雷帮最终被剿灭时，人数已经超过了一百二十人。在1796—1797年的鼎盛期，奥热尔雷帮每周至少袭击一座农场。他们被指控犯下超过七十五起谋杀案，其中数起是对整个家庭的彻底屠杀。

这些年里，法律和秩序的崩溃不仅仅是实践上的，还是概念上的。人们可以依靠相对中立的"政府"来维护一套能被普遍理解的法律框架（尽管法律纠纷和上诉可能会产生极高的成本），这种认知被1789年的一系列事件摧毁了。大革命初期，用新秩序取代旧秩序似乎很简单，尽管实现它的过程会无比艰难。一系列（实际的和人们认为的）反革命阴谋，以及人民对合法却无法接受的封建主义要求的抵抗，这两个因素结合在一起，让这个新思维框架崩塌了。

1792—1793年，权力机构的中立性逐渐被对政治忠诚的要求取代。这背后隐藏着的是地方派系主义、机会主义和牵扯私人利益的积怨等足以撼动制度的现实，这种现实慢慢演变成带有强烈恶意的指责，有时甚至是直接谋杀，这种情况从恐怖统治时期开始一直持续到结束。因此，到1795年，在法国掌握地方权力和获得法律职务的人，大都是那些在残酷的权力斗争中胜出的人，或是那些精明地在一场场国家政治浪潮中见风使舵、冷笑着维护自身利益的人。他们当然不是致力于推行法治的人，更别提法律对自己不利时了。

如果说圣奥尔班和维勒普那样的村庄成功将冲突和变化限制在选举和言论上，那么其他像马赛附近的农业小镇奥巴涅之类的村庄，则因派系冲突在公共场合发生了冷血的谋杀。1795年6月，当地三名雅各宾派激进分子被杀害，他们被打得面目全非，身份几乎无法辨认，身上多处中弹并遭到肢解。随之而来的是长达三年的暴力和恐吓的狂潮，其间发生了四十多起谋杀、抢劫和袭击事件，最终有至少六十七人因此受到审判，但这要等到一个全新的政权上台之后了。[54]

正如国家政治溶解成一轮一轮无休止的政变，完全无视了日益两极分化的选民意愿，地方行政和司法机关也变得由掌权者随

下页图
大革命的终结：1799年11月，拿破仑·波拿巴发动政变，画中的他正在与愤怒的立法议员对峙，这是宪法秩序的最后一次崩溃［《波拿巴将军和五百人院》(*Bonaparte and the Council of 500 at St-Cloud*)，弗朗索瓦·布肖，1840年］。

前进，回望　197

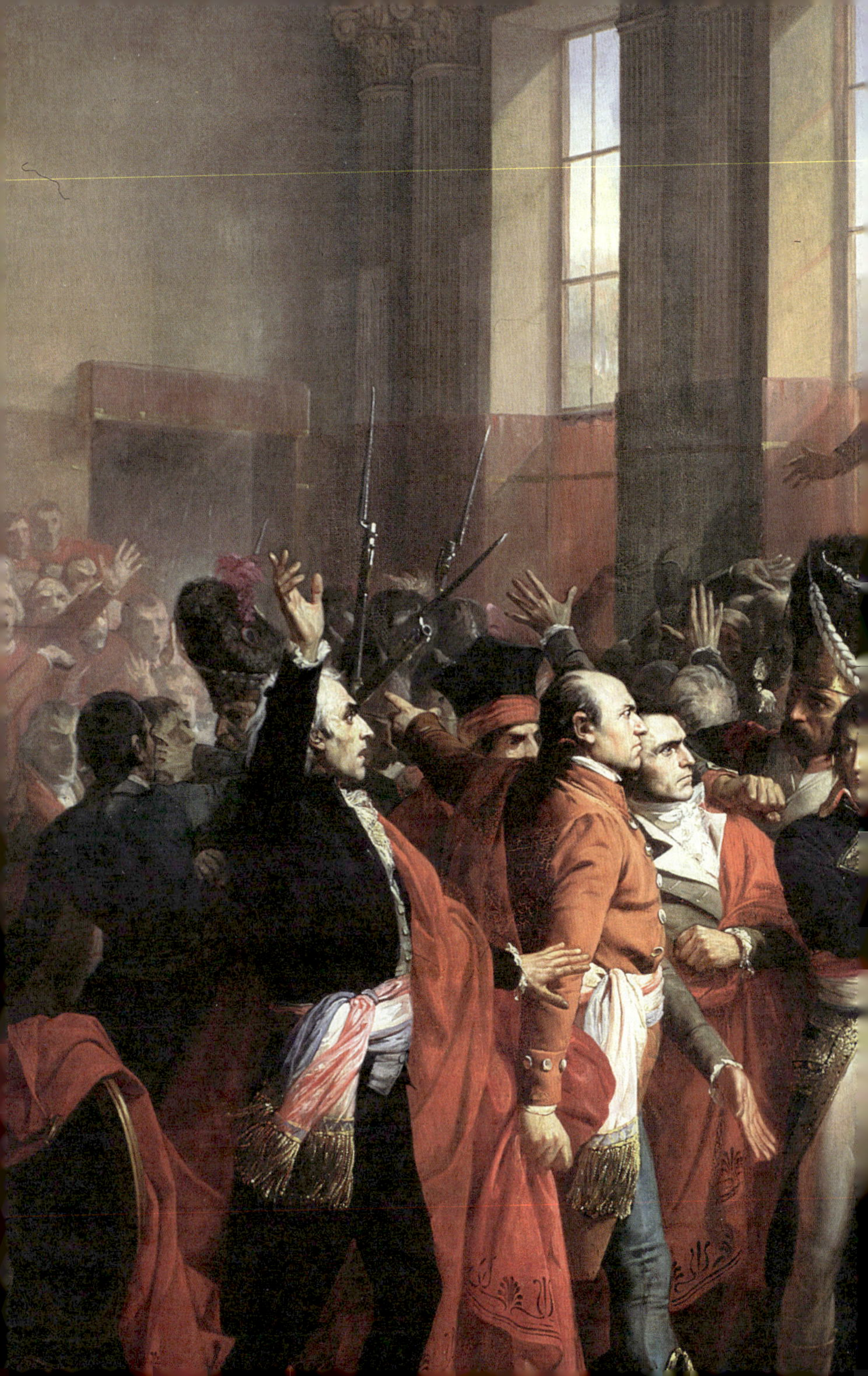

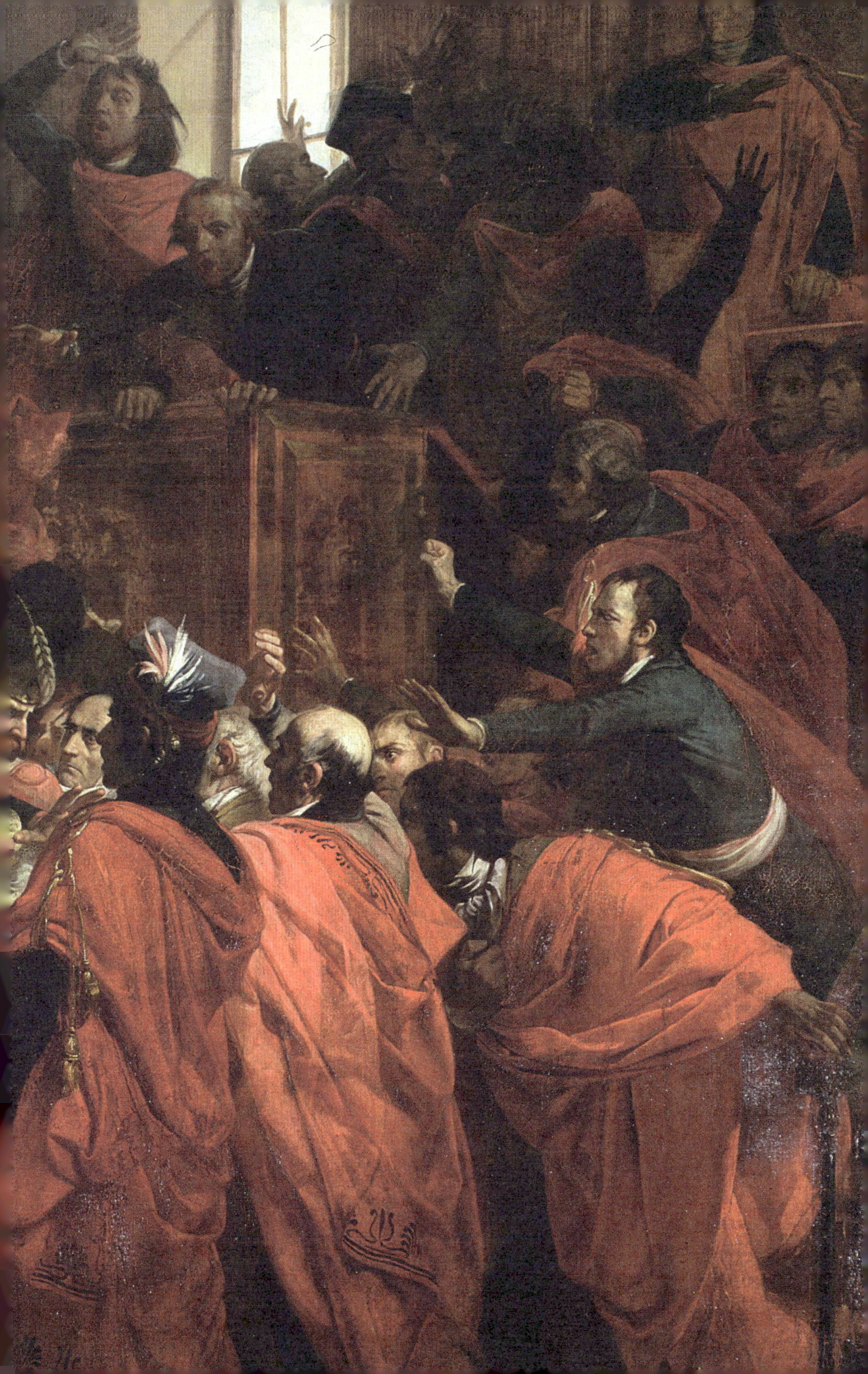

意处置，所以其他人也越来越多地采取非法手段保护自己、攫取利益。所有这些压力最终在1799年汇聚在一起，突然朝支持强势的专制政府的方向行进。面对地中海地区军事行动的过分扩张和反革命联盟复活带来的危机，再加上奥地利再次出兵、法国军队被赶出意大利，整个法国变得摇摇欲坠。此前一年推行的征兵制度在几个地区引发了骚乱，渐渐地，保王党和天主教势力的暴动又开始了。

选民、立法院和督政府之间形成了对立局面，乃至1799年11月，"执政府"的成立和拿破仑·波拿巴上台也仅仅是勉强避免了愤怒的代表们的激烈反击。然而，这个由军队将领领导的政府在成立之后，立刻开始依靠刺刀重新建立法律和秩序。用于对付叛军的游击部队和即刻处决策略也被用在清剿地方匪徒上。随着情况逐渐恢复常态，自上而下的行政改革进程也为地方冲突的终结提供了机会，但代价是臣服。

军事的重新强大让法国再次打败奥地利，甚至让英国也在1801年被迫来到谈判桌前。伴随其他方面的一系列变化，这强化了人们能体会到的一种回归的稳定感。金属货币再次流通，政府与天主教会正式和解，流亡贵族也被默许回国（只要他们守规矩）。未来几年里会重新爆发得更加激烈的战争将证明，屈服于波拿巴的狂妄野心无异于同魔鬼做交易。但经过持续十年、时常以"为人民争取自由"之名发起的不懈斗争，法国人渴望铁拳政治带来的稳定这件事，就让人很难苛责了。

* * * * * *

尾声：最后一点儿总结

在拿破仑的统治给国内带来和平的岁月里（无论在其他方面造成了多么惨烈的牺牲），法国农民终于获得了他们从1789年的陈情书开始一直寻求的成果。1793年，封建杂税被丢进了历史的垃圾堆，虽然将杂税和什一税加在地租上导致了持续性的不满，但多年征兵造成的劳动力短缺让权力的天平向佃户倾斜，从而减轻了他们的长期负担。最终，农民也能从出售国家财产中获益。最后有近十分之一的土地易手，其中三分之二来自教会，其余的则来自被没收的王室和流亡贵族资产。

1795年，急需现金的热月党人放弃了拍卖，将土地以七十五倍于其年产值的价格出售给能支付足额现金的人，从而在短期内加剧了市场的不公。这对在通货膨胀时期持有大量指券的人来说是重大利好，让他们中的许多人后来试图将土地分割出售以赚取利润。早年的土地整合同样导致了之后的土地分割和再出售，约有五十万私人买家（大概是所有家庭总人数的十分之一）参与到这次洗牌中。

农民持有土地的比例从不到总数的百分之四十五上升到百分之五十左右，但土地所有权的模式仍然存在很大差异。在巴黎附近的塞纳-瓦兹省，为城镇市场供货的压力让大型农场持续占据主导地位，农民只获得了大约八分之一的新投入交易的土地，其他主要城市附近的情况也没好到哪里去。然而，在人口稠密的诺尔省（大革命之前，家庭手工业让当地人口急剧上升），农民获得了超过一半的被出售土地，尽管大多数人仍然只是暂时持有仅仅不到零点零一平方千米土地,而且需要同时做点儿其他工作才能为生。

相较于电闪雷鸣一般的20世纪社会主义土地改革政策,法国大革命时期的这些改变可能显得微不足道,但与旧制度时期历经数代人才能积累财富的缓慢速度相比,这毫无疑问是革命性的。农民现在以无可争议的自由持有人身份占有这些土地,他们不再是封建附庸,也会反抗将他们自身利益置于地主或是"改革家"之下的企图。还有一项产生了深远影响的革命性变革,即新的法律规定家庭中的所有子女有权均分财产。它鼓励了农民继续扩大自己的耕种规模,同时限制了家庭人数。

所有这些改变共同使法国人口结构发生了巨大变化,这在同时代的其他任何地方都不曾有过。仅仅一代人的时间里,法国的平均家庭人口就从六人跌至不足四人,与此同时,人口出生时的预期寿命从不到三十岁上升到近四十岁,这主要是因为新生儿死亡率下降。能活到青春期的儿童数量从不足一半上升到近三分之二。法国农民通过自身的抗争打破了前现代时期死亡率居高不下的可怕循环,而且他们没有像19世纪上半叶的英国工人阶层一样,承受城市工业事故将死亡率大幅提高的可怕经历。

当然,法国确实实现了工业化,越来越多的人口向城镇转移,他们在很多情况下遭受了无耻剥削,并不得不忍受低得令人发指的生活水平。乡村人口持续保持增长,并在19世纪40年代达到绝对数量的顶峰,直到1900年仍占据法国总人口的一半。而对主张工业化并追求国家荣耀的人来说，这种情况本身就是一个问题。到1900年，人们普遍认为，由于出生率低，法国已经在一场"达尔文式"人口战争中落后于德国，而第一次世界大战的恐怖伤亡率让这种焦虑又持续了数十年。

但与此同时，随着其他各种尝试与君主制和帝国一起被抛弃，法国农民的独立性也成为法国共和主义本质的标志。在任何时候，务农都不是一种安逸的生活方式，但依靠18世纪90年代农民反抗运动创造的条件，这种生活比世界上几乎任何其他劳动者的生活都更自由、更平等。

在过去两个世纪的大部分时间里，法国在1789年后爆发的惊人分裂吸引了历史学和政治上的注意力。关于教士和贵族的正邪立场、民众抗议的刺激戏码、雅各宾派和"恐怖分子"的激烈言论、保家卫国的警报，以及在所有这一切中神秘但显然至关重要的阶级身份问题的争论，几十年来从未停歇。无论哪个年代的后人，都可以在18世纪90年代的一系列冲突中看到困扰自己所处时代的分裂的种子，以及如何解决这些问题的灵感。

但是，在这个如同任意一种有力的描述中展示的那样，每个阵营的希望最终都会破灭的硝烟年代里，被各种声音和愤怒掩盖的是一个真正的革命故事，一个关于普通人了解自己到底是谁的故事。在阿瑟·杨格见到他书中那个无名无姓、疲惫不堪、穷困潦倒的农妇，并希望别人能为她做点儿什么的十年后，1799年7月，在约讷省的维尔蒂耶尔里村，另一名农妇在一棵共和派"自由之树"的断桩上贴了一张内容非常直白的纸条。

她署名"无畏的苏珊娜",勇敢地以"醒醒吧,法国人民"作为开场白,痛斥"专制"的共和国政府迫使天主教徒关起门来做礼拜,以及禁止星期天举办庆祝活动的行为。她嘲笑政府宣称人民"是自由的,拥有国家的主权",而他们却又被这些限制"束缚了手脚"。她发问:"有了这些限制,我们还有主权吗?这难道不是在戏弄人民吗?"[55]当然,从任何革命激进主义的传统进步论来看,苏珊娜都站在了错误的一边,而且就目前的情况看,她的女性后裔将不得不继续等待一百四十多年,才能获得和男性同胞一起作为选民积极参与政治生活的权利。但她就在那儿,在18世纪的尾声,作为一名拥有主权的人民要求她想要的自由,而不是哪个律师告诉她该去争取,或者哪个贵族告诉她根本无法拥有的那种自由。

历史讲述的往往是相互竞争的势力将普通人碾碎,把他们的生活和梦想填进预先设定好的、关于延续或改变的模子里的故事。但这也是普通人为了不被碾碎而奋斗的故事,无论在过去、现在还是未来。法国大革命的故事就是一个很好的例子,它证明了这种斗争如何顽强而痛苦地取得成功。

拓展阅读

我此前的著作对本书涉及的问题做了更深的探讨：

The French Revolution and the People (London, 2004).

The Terror: Civil War in the French Revolution (London, 2005).

1789: The Threshold of the Modern Age (London, 2008).

Peter M. Jones 的著作 *The Peasantry in the French Revolution* (Cambridge, 1988) 是上一代学者的里程碑之作，同样，他的著作 *Liberty and Locality in Revolutionary France: Six Villages Compared, 1760 – 1820* (Cambridge, 2003) 提供了更专项的研究。

Peter McPhee 的 *Living the French Revolution, 1789–1799* (Basingstoke, 2006) 是对大革命时期普通民众生活的概述，非常生动易读；他的 *Liberty or Death: The French Revolution* (New Haven, 2016) 则是一部关于大革命全貌的颇具深度、引人入胜的著作。

David Andress (ed.), *The Oxford Handbook of the French Revolution* (Oxford, 2015) 和 Peter McPhee (ed.), *A Companion to the French Revolution* (Oxford, 2013) 共收纳了六十余篇关于大革命时期各个方面的论文。

图片来源

扉页后 Alamy Images;

p. VII Gallica;

p.5 Public domain;

pp.8-9 Christie's Images / Bridgeman Images;

pp.14-15 Public domain;

p.23 akg-images / Erich Lessing;

p.26 Public domain;

pp.40-41 Bibliothèque Nationale / Bridgeman Images;

pp.44-45 Château de Versailles / Bridgeman Images;

p.46 Musée Carnavalet / Bridgeman Images;

pp.50-51 Musée Carnavalet / Bridgeman Images;

pp.58-59 akg-images;

pp.68-69 Musée Carnavalet / Bridgeman Images;

p.71 Granger / Bridgeman Images;

pp.78-79 Musée Carnavalet / Bridgeman Images;

p.88 Library of Congress;

p.93 Universal History Archive / UIG / Bridgeman Images;

p.96 Library of Congress;

p.102 Library of Congress;

pp.104-105 Musée Carnavalet / Bridgeman Images;

pp.108-109 Bridgeman Images;

pp.124-125 Musée Carnavalet / Bridgeman Images;

p.126 Bibliotheque Nationale / Bridgeman Images;

pp.128–129 Public domain;

pp.144–145 Bibliothèque Municipale de Dinan /Bridgeman Images;

pp.146–147 Selva / Bridgeman Images;

pp.150–151 Musée Carnavalet / Bridgeman Images;

pp.152–153 DeAgostini Picture Library / Bridgeman Images;

p.156 Public Domain;

pp.170–171 Public domain;

p.174 Public domain;

p.177 Alamy images;

pp.180–181 Christie's Images / Bridgeman Images;

p.185 Library of Congress;

pp.198–199 Château de Versailles / Bridgeman Images.

注释

第一章 农民的世界

1 See http://www.econlib.org/library/YPDBooks/Young/yngTF4.html#Chapter 4, paragraph 4.46.
2 See http://historien.geographe.free.fr/cdrouffy-en-champagne.pdf.
3 Charles Etienne, ed., *Cahiers de doléances des bailliages des généralités de Metz et de Nancy pour les Etats généraux de 1789. Première série, Département de Meurthe-et-Moselle. 2, Cahiers du bailliage de Dieuze* (Nancy, 1912), p. 3.

第二章 农民的声音

4 Jill Walshaw, *A Show of Hands for the Republic: Opinion, Information, and Repression in Eighteenth-Century Rural France* (Woodbridge, 2014), pp. 89–91.
5 Pierre-Yves Beaurepaire, 'The View from Below: the 1789 *cahiers de doléances*', in D. Andress, ed., *The Oxford Handbook of the French Revolution* (Oxford, 2015), pp. 149–63; pp. 157, 158.
6 David Andress, *French Society in Revolution, 1789–1799* (Manchester, 1999), p. 168.
7 Beaurepaire, 'View from Below', p. 155.
8 Andress, *French Society*, p. 168.
9 Beaurepaire, 'View from Below', p. 160.
10 David Andress, *The French Revolution and the People* (London, 2004), p. 94.
11 Ibid., p. 102.

第三章 危机与革命

12 David Andress, *1789: The Threshold of the Modern Age* (London, 2008), p. 313.
13 Ibid., p. 314.
14 See the full text translated in Keith Michael Baker, ed., *Readings in Western Civilisation, 7, the Old Regime and the French Revolution* (Chicago, 1987), pp. 228–31.

15 Baker, Readings, pp. 227–8.
16 Ibid., pp. 238–9.

第四章　失败与背叛

17 Andress, *French Revolution*, p. 125.
18 Walshaw, *Show of Hands*, p. 95.
19 Andress, *French Society*, p. 174.
20 Laura Mason and Tracy Rizzo, *The French Revolution: A Document Collection* (Boston, 1999), p. 129.
21 Peter Jones, *The Peasantry in the French Revolution* (Cambridge, 1988), p. 104.
22 Andress, *French Society*, p. 175.
23 Walshaw, *Show of Hands*, p. 146.
24 Andress, *French Revolution*, p. 136.
25 Ibid., p. 138.
26 Peter McPhee, *Liberty or Death: the French Revolution* (New Haven, 2016), p. 177.

第五章　堕入灾难

27 Andress, *French Revolution*, p. 141.
28 Walshaw, *Show of Hands*, p. 148.
29 David Andress, *Massacre at the Champ de Mars* (Woodbridge, 2000), p. 105.

第六章　叛国

30 Timothy Tackett, *When the King Took Flight* (Cambridge, MA, 2003), pp. 8, 22–3.
31 Andress, *French Revolution*, pp. 169–70.
32 Ibid., p. 170.

第七章　战争、屠杀与恐惧

33 Andress, *French Revolution*, p. 181.

第八章　共和国与人民

34 Andress, *French Revolution*, p. 192.
35 Walshaw, *Show of Hands*, p. 149.
36 McPhee, *Liberty*, p. 183.
37 David Andress, *The Terror: Civil War in the French Revolution* (London, 2004), p. 279.
38 Andress, *French Revolution*, p. 219.
39 Ibid., p. 220.
40 McPhee, *Liberty*, pp. 202–3.
41 Andress, *Terror*, pp. 278–9.
42 Ibid., p. 219.
43 Andress, *French Revolution*, p. 222.

第九章 屠戮与回击

44 Andress, *French Revolution*, p. 224.

45 Andress, *Terror*, p. 236.

46 Ibid., p. 237.

47 Jill Maciak Walshaw, 'News and Networks: The Communication of Political Information in the Eighteenth-Century French Countryside', unpublished DPhil thesis, University of York, 2003, p. 152.

48 Alan Forrest, *Soldiers of the French Revolution* (Durham, NC, 1990), p. 160.

49 Ibid., p. 157.

第十章 前进，回望

50 Peter M. Jones, *Liberty and Locality in Revolutionary France: Six Villages Compared, 1760–1820* (Cambridge, 2003), pp. 164–6, 189–90.

51 Ibid., pp. 167–8.

52 Ibid., pp. 169–71.

53 McPhee, *Liberty*, p. 315.

54 D. M. G. Sutherland, *Murder in Aubagne: Lynching, Law, and Justice during the French Revolution* (Cambridge, 2009).

尾声：最后一点儿总结

55 Andress, *French Revolution*, p. 257.

译名对照表

人名

A
阿克塞尔·冯·菲尔逊 Axel von Fersen
阿瑟·杨格 Arthur Young
艾蒂安·贝里科特 Etienne Bericourt

B
贝诺埃特·拉孔布 Benoét Lacombe
贝特朗·巴雷尔 Bertrand Barère

D
杜罗 Turreau

F
法布尔·戴格朗丁 Fabre d'Eglantine
弗朗索瓦·布肖 François Bouchot
弗朗索瓦-泽维尔·乔利克莱克 François-Xavier Joliclerc

J
吉尔伯特·罗姆 Gilbert Romme

加布里埃尔·布吉尼翁 Gabriel Bourguignon
加斯帕德·鲁斯 Gaspard Rousse

L
莱昂-马克西姆·费弗尔 Léon-Maxime Faivre
莱昂斯·珀蒂 Léonce Petit
勒絮尔 Le Sueuer
雷蒙德·昆萨克·蒙沃伊辛 Raymond Quinsac Monvoisin

M
马克西米连·罗伯斯庇尔 Maximilien Robespierre

N
尼古拉斯·伯纳德·里皮歇 Nicolas-Bernard Lépicié

O
欧仁·亚历克西斯·吉拉尔代 Eugène

Alexis Girardet

夏绿蒂·科黛 Charlotte Corday

P

皮埃尔·科欣 Pierre Cohin

皮埃尔-安托万·德马奇 Pierre-Antoine Demachy

Y

雅克·鲁克斯 Jacques Roux

雅克·内克尔 Jacques Necker

雅克-勒内·埃贝尔 Jacques-René Hébert

Q

乔治·雅克·丹东 Georges Jacques Danton

雅克-路易·大卫 Jacques-Louis David

雅克-皮埃尔·布里索 Jacques-Pierre Brissot

约瑟夫·波赛特 Joseph Boisset

约瑟夫·富歇 Joseph Fouché

R

让·伯纳德 Jean Bernard

约瑟夫·胡宁 Joseph Hunin

让·索里厄 Jean Sorieul

让-安托万-西梅翁·福特 Jean-Antoine-Siméon Fort

地名

A

让-巴蒂斯特·雷维隆 Jean-Baptiste Réveillon

阿登 Ardennes

让-巴蒂斯特·索斯 Jean-Baptiste Sauce

阿尔代什 Ardèche

阿尔萨斯 Alsace

让-巴蒂斯特-西梅翁·夏尔丹 Jean-Baptiste-Siméon Chardin

阿格德 Agde

阿兰 Allan

让-保尔·马拉 Jean-Paul Marat

阿勒纳克 Arconac

让-皮埃尔·豪尔 Jean-Pierre Houël

阿列日省 Ariège

阿尚 Achain

阿图瓦 Artois

X

阿旺松 Avançon

西凯尔·利纳德 Sicaire Linard

阿韦龙省 Aveyron

埃罗省 Hérault
埃纳河 Aisne
埃唐普 Étampes
埃克斯（普罗旺斯地区）Aix-en-Provence
安德尔省 Indre
昂热 Angers
奥巴涅 Aubagne
奥布河畔巴尔 Bar-sur-Aube
奥恩省 Orne
奥克苏瓦地区瑟米 Semur-en-Auxois

B

巴里诺夫 Barrineuf
巴隆 Ballon
贝尔莱蒙 Berlaimont
贝桑港 Port-en-Bessin
贝桑松 Besançon
波尔多 Bordeaux
博纳克 Bonnac
不伦瑞克 Brunswick
布博讷 Boulbonne
布列塔尼 Brittany

D

德龙省 Drôme

德塞夫勒省 Deux-Sèvres
迪耶普 Dieppe
杜省 Doubs
多尔多涅 Dordogne
多姆山省 Puy-de-Dôme

E

厄尔-卢瓦尔省 Eure-et-Loir

F

法国中央高地 Massif Central
凡尔登 Verdun

G

盖拉克 Gaillac
格勒诺布尔 Grenoble

J

加拉韦 Garravet
加莱海峡省 Pas-de-Calais
加斯蒂纳 Gastines

K

卡昂 Caen
卡奥尔 Cahors
卡尔卡松 Carcassonne

坎尼 Cany
科比耶尔 Corbières
科尔贝伊 Corbeille
克莱蒙费朗 Clermont-Ferrand
克勒兹 Creuse

L
莱吉拉克德洛克 Léguillac de l'Auche
莱西斯莱泰 Les Islettes
莱茵兰 Rhineland
兰斯 Reims
勒芒 Le Mans
利穆 Limoux
利穆赞大区 Limousin
利涅雷斯-拉-杜塞勒 Lignères-la-Doucelle
鲁昂 Rouen
鲁瓦奥梅 Royaumeix
罗德兹 Rodez
罗克洛尔 Roquelaure
罗曼-科勒 Romain-sur-Colle
罗讷河谷 Rhône valley
洛尔梅 Lormes
洛里斯 Lauris
洛特-加龙 Lot-et-Garonne
洛特省 Lot

洛泽尔 Lozère
吕泽克 Luzech

M
马槽乡 Pays de Caux
马尔内 Marnay
马诺斯克 Manosque
马斯拉图尔 Mars-la-Tour
马耶讷省 Mayenne
曼恩-卢瓦尔省 Maine-et-Loire
梅奥贝克 Méobecq
梅斯 Metz
蒙彼利埃 Montpellier
蒙特贝尔 Montbert
蒙托邦 Montauban
摩泽尔河 Moselle

N
讷维莱尔 Neuviller
内尔温登 Neerwinden
尼姆 Nîmes
涅夫勒省 Nièvre
诺尔省 Nord

P
庞吉利 Penguily

佩里戈尔 Périgord
普瓦捷 Poitiers
普赞 Pouzin

R

热尔省 Gers
热马普 Jemappes
汝拉山脉 Jura

S

萨尔蒙维尔-拉-里维埃 Salmonville-la-Rivière
萨韦尔丹 Saverdun
塞纳-马恩省 Seine-et-Marne
桑斯 Sens
沙泰洛德朗 Châtelaudren
上卢瓦尔省 Haute-Loire
上索恩省 Haute-Saône
绍莱 Cholet
圣艾蒂安 Saint-Etienne
圣奥尔班 Saint-Alban
圣帕斯图尔 Saint-Pastour
圣文森特 Saint-Vincent
圣文森特（奥尔特河滨地区）Saint-Vincent-Rive d'Olt

T

塔恩省 Tarn
特鲁瓦 Troyes
土伦 Toulon
托内尔 Tonnerre

W

瓦尔密 Valmy
瓦雷纳 Varennes
瓦讷 Vannes
瓦兹河 Oise
旺代省 Vendée
维尔蒂耶尔里 Villethierry
维勒普 Villepreux
维瓦莱 Vivarais

X

下卢瓦尔省 Loire-Inférieure
叙克 Suc

Y

雅莱斯 Jalès
亚眠 Amiens
约讷省 Yonne

专有名词

奥热尔雷帮 Bande d'Orgères
白色恐怖 White Terror
布列塔尼俱乐部 Breton Club
陈情书 cahiers de doléances
持矛无套裤汉 sans-culottes with pikes
地狱纵队 colonnes infernales
佃农制 sharecropping
法国国家图书馆 Bibliothèque national de France
斐扬俱乐部 the Feuillants
风月法令 Ventôse Decrees
革命军队 armées révolutionnaires
公共安全委员会 Committee of Public Safety
国家财产 biens nationaux
国民福利大册 Grand Register of National Welfare
国民公会 National Convention
货币商人 marchands d'argent
吉伦特派 Girondins
卡纳瓦雷博物馆 Musée Carnavalet
科德利埃俱乐部 Cordeliers Club
恐怖统治 Terror
理性节 Festival of Reason
卢德主义 Luddism
马尔斯校场 Champ de Mars
牧月起义 Prairial rising
平等派密谋 Conspiracy of the Equals
权贵会议 Assemblée des notables
全面最高限价法令 General Maximum
全民皆兵法令 levée en masse
热月政变 Thermidorian reaction
赛伦布里耶帮 Bande de Salembrier
山岳派 Montagnards
神职人员民事组织法案 Civil Constitution of the Clergy
土地信用券 Mandat Territorial
无套裤汉 sans-culottes
宪法之友社 Society of Friends of the Constitution
雅各宾俱乐部 Jacobin Club
盐税 gabelle
至上崇拜教 Cult of the Supreme Being

里程碑文库
The Landmark Library

"里程碑文库"是由英国知名独立出版社宙斯之首（Head of Zeus）于2014年发起的大型出版项目，邀请全球人文社科领域的顶尖学者创作，撷取人类文明长河中的一项项不朽成就，以"大家小书"的形式，深挖其背后的社会、人文、历史背景，并串联起影响、造就其里程碑地位的人物与事件。

2018年，中国新生代出版品牌"未读"（UnRead）成为该项目的"东方合伙人"。除独家全系引进外，"未读"还与亚洲知名出版机构、中国国内原创作者合作，策划出版了一系列东方文明主题的图书加入文库，并同时向海外推广，使"里程碑文库"更具全球视野，成为一个真正意义上的开放互动性出版项目。

在打造这套文库的过程中，我们刻意打破了时空的限制，把古今中外不同领域、不同方向、不同主题的图书放到了一起。在兼顾知识性与趣味性的同时，也为喜欢此类图书的读者提供了一份"按图索骥"的指南。

作为读者，你可以把每一本书看作一个人类文明之旅的坐标点，每一个目的地，都有一位博学多才的讲述者在等你一起畅谈。

如果你愿意，也可以将它们视为被打乱的拼图。随着每一辑新书的推出，你将获得越来越多的拼图块，最终根据自身的阅读喜好，拼合出一幅完全属于自己的知识版图。

我们也很希望获得来自你的兴趣主题的建议，说不定它们正在或将在我们的出版计划之中。

里程碑文库编委会